壯遊中國

張正忠 著

背包客3.8萬台幣
暢行大陸38日全攻略

推薦序

　　張正忠先生是好友堅一的同事，經常聽堅一轉述這位張先生熱愛運動的事蹟與壯舉。諸如他熱愛馬拉松，不只國內馬拉松場場跑透透，還跑遍全球知名六大國際城市馬拉松。在台灣他上山下海、泳渡日月潭、環島單騎、還能單攻玉山、雪山、奇萊山登頂。更熱血的是正忠兄能為人所不能，更充滿愛心，至今他全血捐血次數117次，分離術捐血次數1514次，我是中華捐血運動協會的理事，更對正忠兄的熱心公益，敬佩有加。

　　正忠兄的事蹟已可謂奇人異士了，人世間的創舉經常是由奇人異士奮鬥不懈而來。對寶島台灣已經走透透的正忠兄來說，若再要突破，自然是放眼神州大陸那廣袤的壯麗河山，並想去貼身感受那多元的風土山川人情。

　　令人驚訝的是正忠兄已是六十多歲的大叔，他卻展現了旺盛的活力與精力，竟然能在三十八天時間內，以最低的旅費三萬八千元台幣，走遍中國大陸大江南北半壁江山。我相信能夠這麼節省又有效率的旅遊花費，這後面是多少事前仔細的規劃、調研與精準執行。堅一兄鼓勵正忠兄不藏私，能把這些旅遊安排、見聞心得跟社會大眾分享。我也佩服他的決心毅力與執行力，因此特別也強力推薦，以一位年逾六十歲的大叔都能完成的壯舉。凡我有志

青年，放眼中國大陸壯麗山河與實況發展，與其誤解排斥，不如利用寒暑假，有為者亦若是，親往感受體驗，也能為自己人生多留下一道彩霞及滿滿美好回憶！

財團法人兩岸發展研究基金會董事長
前立法委員
丁守中
2024.05.08

推薦序

　　張正忠是我在金融業服務時多年的同事，其為人正直、有堅毅的性格且熱心公益，更熱衷於到世界各國參與國際馬拉松競賽，每次完賽後，都會將完整的比賽經歷及賽後於周遭地區的旅遊照片透過Line與我分享，內容豐富且具知識性，讓我很有收穫。

　　去年八月底我正在新疆旅行，突然從Line上收到正忠兄每天在中國大陸許多地方的旅行紀錄，除了他的感想外，還包含路徑、交通工具、飲食、住宿地點及景點歷史介紹，並附上照片及詳細的費用紀錄。九月底他返台後，我好奇地問他整趟三十八天旅程的總花費，他告訴我連同往返大陸來回機票，竟然總共才花費新台幣約三萬八千元。

　　就我所知，許多先進國家的年輕人於大學畢業後，經常選擇暫不就業或升學，而以背包客的方式離開本國，到不同的國家旅行數個月，打開眼界增廣見聞，體驗不同的生活經驗，認識思維背景甚至語言不同的人，更重要的是運用這段時間探索內心、反省自我，思考人生的下一步。

　　我也建議台灣的年輕人，離開家園走出去的必修學分，就是先壯遊同文同血脈的中國大陸。二十一世紀中國在全球政治情勢與經濟發展的重要性，以及對我們台灣未來的影響，不必我贅言，了解中國大陸就是了解世界的第一步。

　　正忠兄以三萬八千元壯遊大陸三十八日的攻略紀實給有心這麼做的年輕人提供非常經濟實用的參考，所以我力促其整理成書，並由我的好友華藝數位公司董事長常效宇介紹秀威資訊出版社，並由洪聖翔經理協助編輯成書，特此推薦。

財團法人兩岸發展研究基金會董事

賈堅一

2024.04.30

自序

　　自2022年離開金融業後，同時間家中十分關愛我的長輩又悄然辭世，一時間生理、心理十分迷惘。在完成國內約160餘場次馬拉松，還有世界馬拉松大滿貫「東京、紐約、芝加哥、波士頓、柏林、倫敦」等六大馬拉松、兩次鐵人三項，機車環島旅行及泳渡日月潭2次，單攻台灣第一高峰玉山、獨攀第二高峰雪山、奇萊南華山後，加上台灣觀光景點多少已涉獵、近年國旅住宿CP值討論高低仁智互見下……突然發想就來趟嘗鮮的大陸行。

　　大陸面積9.6百萬平方公里，為台灣264倍。人口14餘億人，為台灣65倍。如此山川壯麗、物產豐隆的土地，必有可觀可親的地方。記得十年前，跑苗栗飛牛牧場馬拉松，當時為克服體力上疲憊，用了一張小抄邊跑邊背誦一首詞「沁園春雪」，詞中描敘了大陸壯闊北國風光，此壯麗景觀一直縈繞我心頭，想想此刻機會來了，就出發去瞧瞧詞中描述的景點：座落在陝西省清澗縣高傑村的「袁家溝」。

　　於是乎買張單程從台北到西安的機票，回程呢？再說吧。一路走走逛逛，往往一個景點走完，當天晚上投宿自助青旅或酒店時，於睡前再規劃次日行程與交通工具。如此可避免行程受已規劃完成路線約束綁住，無法深度旅遊。同時也因為如此隨興、隨緣、隨機、隨方便機動式的行旅，反而有種深入探險的快感。當然在酒店的時候，定要使用手機深入仔細研讀與規劃次日要去的景點交通、食、宿的相關資訊。

　　金錢是支配物質的工具，功能是在使用非窖藏。因此妥適使用發揮極大效能也是一種生活方式的選擇。因自助旅遊白天體力消耗的疲憊，加上晚上入宿後要規劃次日下個景點出發行程，因此住的要求只要有床位能休息、沐浴，洗滌一天的疲憊及換洗衣物，就行，終究「良田萬畝，日食三碗；豪宅萬棟，夜宿三尺」。至於交通工具選擇搭乘綠皮火車、飲食就在路邊小攤，如此更能深入傾聽普羅大眾生活的脈動。

　　曾捐全血117次、分離式1514次的我，身體是健康的，適度運動有適齡體能，因此，有發想就出發吧！

　　在大陸一路上常有驚、奇、怪、令人感動的景點與人、事、物，休息即時即將照片及所聞心得資料透過line分享台灣的好友。承蒙過往非常照護我的長官賈堅一總經理建議，將旅遊所見聞彙集成冊，冀望能分享並有助於無論年紀大小的年輕的朋友、中壯年的朋友，能以少許經費暢遊神州大陸，為人生開闢另一扇窗。

張正忠

2024.02.21

CONTENTS

Chapter 01

陝西：延安、西安（8月21日至8月27日）

暢路
行線
　圖

去程
①台北②廈門③西安④延安⑤北京⑥瀋陽⑦丹東⑧哈爾濱⑨漠河

返程 ➤
⑩哈爾濱⑪經棚⑫烏蘭布統⑬承德⑭濟南⑮南京⑯蘇州⑰南昌⑱景德鎮⑲廈門⑳台北

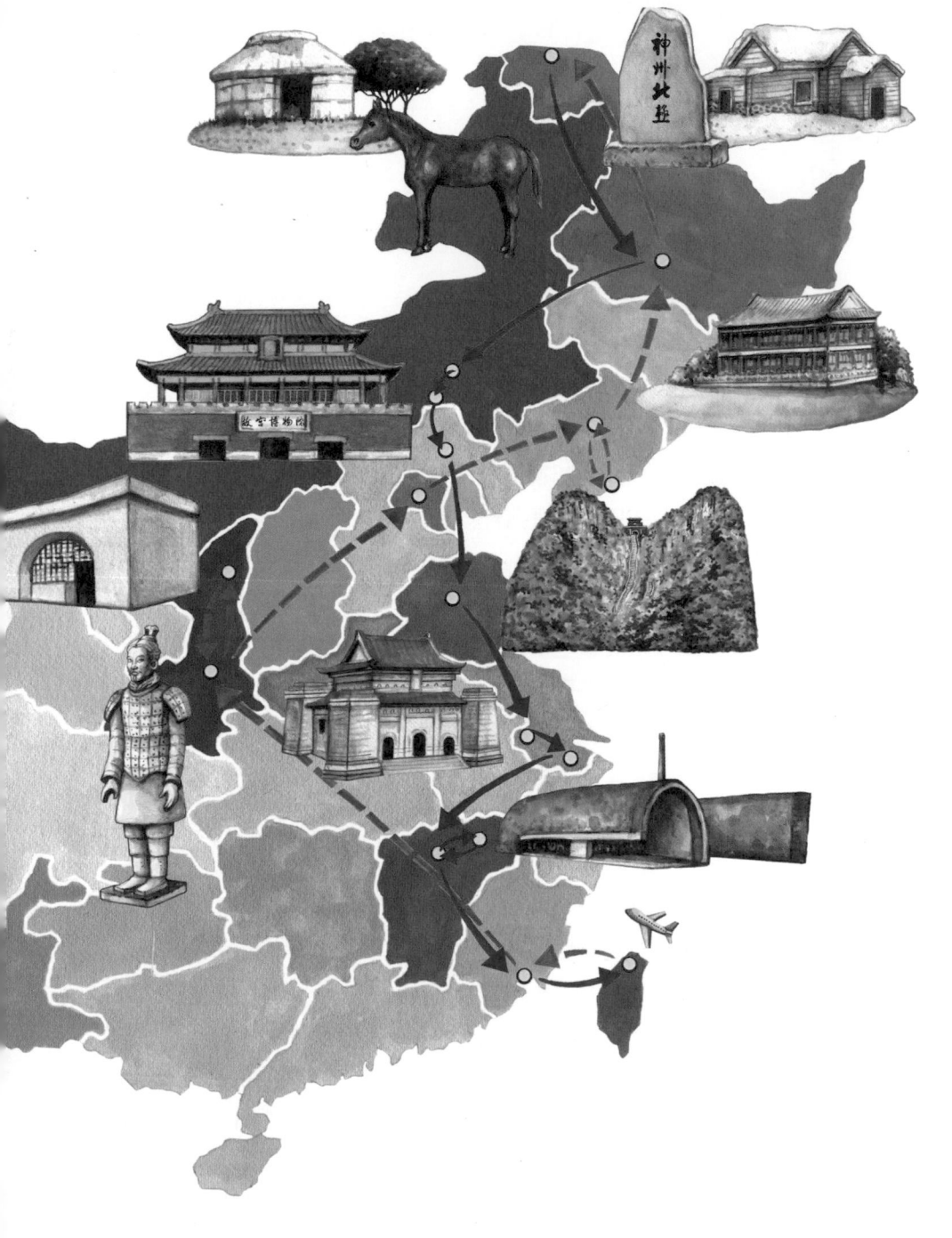

大陸出行應注意事項

台胞證

　　台灣居民往來大陸通行證，簡稱台胞證。申請費新台幣1500元，有效期5年。是居住台灣的人赴大陸旅遊必備文件。買火車票、汽車票、住宿、參觀景點都要用到它。只要接觸大陸土地，無論直接赴大陸或飛機中轉大陸機場轉赴世界各地其他國家地區，都須持有台胞證供大陸海關查驗。若忘記攜帶，可以在大陸最近機場或口岸辦理落地簽證。

　　以赴泰國中轉廈門高崎國際機場為例，若誤以為目的地是泰國，大陸不過是中轉而忽略攜帶台胞證，那就錯了。此時就在登機時機場航空公司櫃台人員會要求登機者要準備在大陸辦理落地簽證。通常在台灣登機時，劃位櫃台服務人員就會先要求搭機人員準備好落地簽證的資料（填寫申請書、護照及身分證正本、2吋彩色照片2張及人民幣40元）。

行動電話／手機攜帶

● 行動電源（大陸稱「充電寶」）一個、插頭及連接線。
● 大陸插座基本都是五孔的，其設計可以同時滿足台灣較為通行兩腳扁形，以及其他八字、三角扁形插頭使用。電壓是220伏特，然台灣是110伏特；不過目前各廠牌行動電話均已內鍵手機轉換功能，於充電時將各種伏特輸入電壓自動轉換為110伏特。因此，除非不放心自己再準備一個電壓轉換器，基本上，電壓轉換器無須特別準備，僅攜帶現有的外出旅遊設備即可。

- 在台灣透過手機撥打800或123中華電信客服選購「中華電信」（或國內各大電信公司）的中國大陸國際漫遊功能。如此我們常用的「line」「google」「face book」……等手機功能，不須翻牆就可持續使用。否則，在大陸購買大陸「中國移動」國際漫遊，將無法使用上述台灣十分通行的「line」「google」「face book」軟體。特別是無法用「line」與台灣家人傳資料或通話，也無法透過「google」查詢包括大陸在內的公開資訊，尤其是屬於敏感性受限制政治消息或管制的西方世界資訊。而使用「中華電信」在中國大陸國際漫遊功能，若流量已使用到所買流量的70%，中華電信會發提醒簡訊通知流量僅剩30%，若不幸用罄，也可透過中華電信全球免付費行動電話直撥886-928000086客服專線以電話申請續約或其他各項協助服務。

支付方式

- 電子支付：目前在大陸最普遍的支付方式，款項預先儲存在手機上的「**支付寶**」（阿里巴巴／代表人物：馬雲）、「**微信**」（騰訊／代表人物：馬化騰），或連結大陸銀行卡。（使用方式如後述）
- 信用卡支付：亦是電子支付的一環。通常信用卡號都要綁定在手機電子支付的「**支付寶**」、「**微信**」。除了大型商家，或觀光飯店外，以實體信用卡刷卡付帳在大陸幾乎已絕跡了。
- 現鈔：十分少見。

常用APP介紹

　　務必將「支付寶」、「微信」、「鐵路12306」、「百度地圖」、「高德地圖」、「百度」、「小紅書」等（尤其前三項是在中國旅遊必備）APP下載灌入手機。其他如到哪兒旅行「TikTok」抖音、「微博」、「美團」都是不錯的選擇。

支付寶

　　可以收款、付款、轉帳，出行支付公交車、火車、高鐵、住宿、餐飲、中國城市交通指南、中國旅遊攻略、生活繳費、醫療健康等費用。

　　建議務必將自己的信用卡1~2張綁定支付寶以利隨時支應大小額消費，如此可以省下帶很多人民幣的不便。特別是在：

　　購物「掃一掃QR code」、「收付款」消費：若咱不是台商或常住大陸者曾經於大陸銀行開立帳戶，則「支付寶」帳戶是無法儲值人民幣以支付各項費用。此時支付寶付款功能是受限制的。

　　解決方式有2種：

● 以新臺幣向支付寶或微信帳戶內有人民幣的朋友購買人民幣，請他掃你的支付寶收款QR code轉帳人民幣給你。

● 於支付費用時，選擇已綁定的信用卡來支付。然若商家不接受台灣信用卡支付費用時，上述向朋友購入後同時儲值人民幣就顯得相當重要，否則須以現鈔來支付（現鈔支付時，少數商家因零錢不足會發生不找零情事）。

　　出行交通消費：具有含大陸有地鐵及公交車的城市及台灣台北、桃園、

日本沖繩……等約355個大小城市的城市交通卡。每一城市又有分屬不同公司營運的地鐵、公交車的卡片以支付不同單價的車資（西安為例，它的公交卡就有兩種、地鐵也有兩種，分屬不同的公司）。

微信

大陸各階層人士使用最普及的應用軟體，也是我們與大陸人士互動重要通訊軟體。「支付寶」具有的功能，在「微信」也有，且更為廣泛，城市服務、生活繳費、醫療健康…都涉獵。

特別是觀光景點「預約參觀」對我們旅遊特時別有用；但若無大陸手機門號，預約後無法獲得預約成功與否回訊。所以微信除了與大陸朋友通信較便捷外，其他重要功能我們在使用上是受限制的。

深入且普及的應用軟體無所不在，無怪乎有人戲稱「三馬」[1]治中國。

鐵路12306

可預約選擇大陸兩週內所有天期火車車票並支付款項（若上述支付寶已灌入信用卡資訊，則款項會自動自信用卡扣帳）。無論空鐵聯運、水鐵聯運、汽車票、酒店住宿、約車、保險、退票、刪改……都納入「鐵路12306」。

---

[1] 三馬：微信的騰訊馬化騰、支付寶的阿里巴巴馬雲、共產主義的馬克思。

其中最普遍鐵路運輸，其客車的用途及代號如下：

● 客車用途：硬座車、軟座車、硬臥車、軟臥車、行李車、餐車
● 客車代號 G、D、C字頭快速列車 及Z、T、K字頭普通列車
● G字頭列車：高速列車通稱「高鐵」，時速300~350公里。
● D字頭列車：子彈列車通稱「動車組」，時速200~250公里。
● C字頭列車：城際列車、高速城際電聯車，時速160公里。
● Z字頭列車：直達特快列車，時速約160公里。
● T字頭列車：特快列車，時速140公里。
● K字頭列車：快速列車（通稱綠皮火車），時速120公里。價格十分
　大眾化，存在時間也最久、耐操。往西藏高原、中國最北的黑龍江漠
　河也是此種列車。通常時要省錢的人或農民工乘坐的車種，且鄰座乘
　客互動容易，為觀察大陸生活百態的好時機。

Z、T、K等三種字頭列車均有下列三種不同服務：

● 硬座、硬臥（隱私性較低。左、右兩側，分上、中、下鋪，下鋪最
　貴。因下鋪、中鋪都會有人爬上下，所以上鋪隱私性最佳，但空間就
　像海軍「潛水艇的臥鋪」，只能側躺，無法坐著）、
● 軟臥（左右兩側分上、下鋪），空間較大。

百度地圖、高德地圖

　　功能相當於Google地圖。在中國大城市搜尋景點位置，若使用台灣熟悉的google將非常方便；但google地圖並非大陸本土開發的地圖。因此若非在北京、瀋陽、西安、西安等大城市活動時，建議使用高德地圖、百度地圖較妥適，資料也較詳盡。因此，建議高德地圖、百度地圖兩者APP均要於google地圖外再增加，以互為備用。

「百度」、「小紅書」、「TikTok」、「微博」、「美團」

　　「百度」功能類似台灣常用的google、yahoo；「小紅書」、「TikTok」、「微博」、「美團」傾向於民生的食、衣、住、行、娛樂等方面，但資料充足性受國情不同而有所限制。

在地旅行須知

　　大陸非我們土生土長及受教育在寶島的台灣人原生地，背包客自由行想要參觀景點的往來交通、開放時間往往受當地風土人情、人文地理環境的影響，使計畫、規劃趕不上變化與偶發事故。因此，當日、或前一、兩天才規畫下一旅遊據點、同時擇定交通工具視為較務實允當的做法。

交通

　　透過大陸「鐵路12306」、「去哪兒旅行」、「攜程旅行」、國際性的「trip.com」等旅遊交通網站，尋找適切經濟實惠的票種及路線。若時間充裕，選擇K字頭的綠皮火車不僅便宜，也有機會觀察到大陸人的生活點滴，長途跨日行程，體力充沛時在火車上伏睡，甚至可省下一日的住宿費用[1]。

　　使用「鐵路12306」軟體，開車前48小時，可免費改簽預售期（通常2週）內的列車。不足48小時免費改簽票上記載乘車日期以前的列車，或收改簽費可以改簽乘車日後的預售列車。開車後，在當日24時前，可免費改簽當日其他列車，或收改簽費用改簽乘車日後預售期內列車。

　　特別提醒：進入月台檢票口、或到站出月台再次檢票時，所有乘客都須拿出身分證或台胞證再次驗核身分。然台胞證號目前為8碼，非大陸身分證號18碼，因此排隊檢票時，一定要排人工檢票口（通常多線檢票口時，人工檢票口都在最左邊，或最右邊），以免屆時無法通過要耗時重新排隊。

---

[1]　以到中國最北極的黑龍江省漠河市為例，從哈爾濱到漠河距離1174公里，只能也只有綠皮火車能抵達，需耗時19.3小時；若是8、9月秋天出發，出發時火車市開冷氣的，過了「齊齊哈爾市」或更北一點就要轉換開暖氣。

　　至於從大都市至各景點參觀交通，建議出發前一日的睡前在酒店上網搜尋資料多比較，網路上資料豐富且詳實。通常地鐵最便宜，時間也好控制，其次是公交車，再其次是旅遊巴士。以西安火車站至秦兵馬俑為例，搭地鐵或公交車與旅遊巴士價差即達人民幣百元以上。

　　當然，地鐵與公交車難免要轉乘。但網路上資訊相當豐富，可以將相關資訊拍照，或hardcopy留存隨時參照比對，再加上隨時詢問當地人、公安警察等，交通問題隨時可獲圓滿解決。

住宿

　　抵達目的地火車站後，第一個要務就是找當日落腳點：住宿。在旅遊網站「trip.com」「微信」「百度」以所在位置（通常是火車站）為基點搜尋，可以找到不錯的酒店（賓館、青年旅館）。自由行的背包客，耗時整日的行程，投宿無非「漱洗一身疲憊」及「睡眠」，所以兼具這兩條件下的青年旅社是很棒的選擇。在搜尋旅遊網站，相關酒店資料出現後，再設篩選「價格」、「距離」二條件，大多可選到一晚人民幣40~100元的床鋪，偶爾更可獲得單間（備有電視、淋浴、空調套房）的驚喜優惠。貼身換洗衣物到旅店時即時洗滌晾乾，因此只需帶一套備用可。

飲食

　　入境隨俗，市井小食、小店鋪的飲食通常十分接地氣。例如：江西炒

粉、鴨脖／鴨頭、陝西肉夾饃、（ㄅㄧㄤ、ㄅㄧㄤ、麵，又稱油波麵）、水盆羊肉泡饃、葫蘆頭泡饃、內蒙古肚包肉、全羊頭、烤雞架、梆梆肉、鍋包肉……通常早餐人民幣10~15元，午／晚餐人民幣20~25元應可飽足。此外，水果一天10元可補充蔬菜攝取的不足。飲食平均一天人民幣80~100元應足夠。

參觀門票

　　大陸人口逾14億，所以無論平日、假日，各景點到處都是人潮洶湧。景觀參觀多採透過「微信」軟體定時預約制。若無大陸手機門號，微信軟體的預約成功否無法透過手機門號確認，此時持台胞證的我們若要預約參觀景點時真的會不知如何是好。不過，若當日早一點到該景點，並與售票口或檢票口人員說明無法進行預約緣由，且誠懇地告知來自海峽對岸的台灣，通常都會有圓滿的結果。另外若持大學學生證，多數票價可獲得半價優惠。

備用藥品

　　在台灣出行前，建議先向自己常往來醫療診所說明出國須備藥。一般來說，常往來診所醫師多會開些預防性藥品，如感冒用止咳化痰、退燒、過敏、止痛、腸胃、頭暈等1~2週藥隨身帶。Ok繃若未及帶，大陸藥局有賣雲南白藥ok繃，一盒人民幣20元100片，相當實惠且具醫療療效。若不得已赴醫院看診，看診後取得書面證明，回台可向健保局申請給付。

地理環境

　　走過景點若要再回來，若無明顯地標時，務必要牢記特殊市招、建物……或者拍照存證，以利回頭時追索。特別是大陸十字路口並無街道指示牌、房屋門口也幾乎少貼門牌號。除了江西省景德鎮十字路口有少量指示牌、濟南孔林道路有門牌號外，幾乎此次出行過程中，都沒看到街道指示牌及門牌號。或許大陸已習慣手機導航及檢索的運用，所以甚少看到街道指示牌、標示房屋門牌號。但感覺如此作為，隱約似乎未考慮外來客的需求。

對於中國大陸的初步認識

治安及制度

　　大陸社會治安於世界排名應屬名列前茅。除了路口有錄像鏡頭外，各交通隘口必定行李要過X光機檢查、人身必搜、飲水必查驗。購買機票、船票、長途客運票必定實名制。火車、長途客運出發前20分鐘才開始檢票（需出示身分證、港澳同胞證、台胞證、或者護照，且過機器掃描驗證），火車發車前5分鐘，檢票閘門就關閉，有票也不得進入。

　　都市火車站，如北京、西安、瀋陽、濟南等多人潮出入的大都會火車站站前，必定有2位武裝警察持長槍上刺刀24小時站高台監控車站廣場大廳。

　　火車每節車廂都有一位乘務員在你登火車時還會再次要你出示身分證查驗，或以機器掃描再次核實。

　　外國人須持有效身分證件或護照來買票。因此，人員的移動，國家機器可以牢牢掌握。好處是為非作歹、作奸犯科者必無所遁形。然若監理部門資訊不當使用，人民治理發生如英國作家歐威爾所著《1984》這本書敘述的「政府老大哥監控無所不在」的陰影，使執政者及政府權力恐將無限擴張，「治安」「人權隱私自由」兩者或者要考慮衡平性。

　　無怪乎，綠皮火車、長途客運、公交車、二級城市少見外國人。甚至北京、瀋陽、哈爾濱、新疆伊犁等一級城市部分賓館、旅社，還發生不接待外賓（含台胞）等怪現象。

交通及基礎建設

　　大陸經過十餘年的經濟起飛，各省縣市無不卯足全力競逐、相互評比基礎建設，我何其有幸，在基礎建設幾乎達頂峰，進而是收割期來到神州遊旅。舉凡廁所（衛生間、盥洗室、洗手間）無不採用最先進的設備。大城市火車站、公交車站甚至有保潔專人駐足隨時整理，時時保持乾淨清潔的樣貌。其他如馬路平整、博物館、紀念館、公園、歷史古蹟維護與修繕等等，都在追求新、求大、求差異化。晉陝甘黃土高原、蒙古大草原，手機無線連結均無障礙，此等基礎建設非常綿密與扎實。

　　延安、西安、北京、瀋陽、哈爾濱、丹東、莫河、經棚、烏蘭布統、承德、濟南、南京、南昌、景德鎮等大城市的汽、機車機幾乎100%以電力驅動，馬路上幾乎聽不見引擎燃燒汽油的聲音，廢氣的排放更是少見。十分納悶的，38天的旅程竟然未見車禍，救護車、消防車也未曾見到。

　　然而，在寶島台灣，幾乎天天都可以看到車禍、電視媒體也頻繁播放意外事故，是大陸行車車速較慢？使用電力驅動影響？抑或馬路街道寬廣？地廣畫道路標線較清晰？

　　抽菸在大陸是十分普遍，但政府部門似乎已知悉菸草對百姓健康危害性。因此多數公共場所均已公告禁菸外，各大車站更是頻頻廣播菸害及相關處分規則。除重罰當事人外，更會連坐公共場所管理人。此等重罰措施或可達到立竿見影效果。以大陸高鐵G車、動車組D車為例，車廂、衛生間均設有煙霧偵測系統，一旦偵知有人抽菸，行為人將受：（1）人民幣500~2000元罰款、（2）180天禁止購票、（3）必要時，還有7~10天行

政拘留，懲處十分重。然能否對國民健康知識普及與禁菸效果能否落實，仍待時日觀其成效。

中共社會主義的核心價值觀

在硬體建設高度成長下，軟體人的文化水平，經過多年政治運動壓抑、百年來外族侵略的屈辱，是否能同步成長？

嶄新的基礎建設、巍峨的公共建設後續的經常性維護與管理，需要各級政府充沛財政資源同步支持與挹注。尤其在經濟下行，「恆大」、「碧桂園」、「中國奧園」等重量級公司、地產業者陸續重整，基礎建設、公共建設能否持續維持既有水準，亦是需要時間檢驗。

因是為提升國家、社會、公民素質[1]，2012年11月，中共於十八大提出「社會主義核心12項價值觀」：

● 國家層面：富強、民主、文明、和諧
● 社會層面：自由、平等、公正、法治
● 公民個人層面：愛國、敬業、誠信、友善

為求逐一落實上述核心價值，大陸政府採取多種方式，包括：層層綿密宣傳與考核，要求各單位提供期間內宣傳報紙統計，抽查報紙及電視出現頻率、實地抽查學校展圖片及抽查傳播的氛圍，以逐步落實。

---

[1]　「對內改革，對外開放」的改革開放總設計師鄧小平1974年於聯合國大會演講：「如果未來中國變成超級大國，到處欺負人家、剝削人家，世界人民就應當一起打倒它……」。

　　相信核心價值合理定義、詮釋與落實，在時間遞嬗下，社會的氛圍、人民的素養必然能提升；國力大幅躍進也指日可待。

大陸風景景點分級

　　大陸內地的景點分為五級，從高到低依次為AAAAA、AAAA、AAA、AA、A級，而5A為最高等級，大陸官方稱為「世界級精品的旅遊風景區」等級。所謂的5A景區，指的是旅遊交通、遊覽、旅遊安全、衛生、旅遊購物、環境的保護、年接待遊客量等共12個項目的評比獲得官方最高度評價。此次推介遊旅地點至少有AAAA等級。

◆後記

本次旅行後，復於2023年11月至2024年4月以五十八天壯遊，足跡包含：浙江、湖北、湖南、廣東、四川、雲南、甘肅黑龍江等八省；寧夏、新疆二自治區；上海、重慶二直轄市及香港特別行政區。

重要景點如下：
上　海：交通大學、錢學森（大陸「兩彈一星」主持人）圖書館、外灘黃浦江、金融中心、南京東路和平飯店、東方明珠；
香　港：半島酒店、尖沙嘴、紅勘；
湖　北：黃鶴樓、武昌起義紀念館、江漢關博物館；
湖　南：岳陽樓；
江　西：廬山、八大山人紀念館、上饒、婺源、景德鎮；
雲　南：滇池、玉龍雪山；
廣　東：黃花崗、廣東動物園、六榕寺、粵海關、廣州塔；
新　疆：烏魯木齊、吐魯番、伊犁交河古城、準葛爾沙漠；
重　慶：洪崖洞、嘉陵江、重慶美術館；
成　都：峨嵋山、樂山大佛、督江衍；
哈爾濱：冰雪大世界、太陽島、中央大街、尚志大街、兆麟大街、哈藥六廠（東北的凡爾賽宮）

Chapter

01

8月21日至8月27日

陝西：延安、西安

記憶中的延安與現實不同

在台灣的年輕人，我想應該很少人對於「延安」、「窯洞」、「兩萬五千里長征」這些關鍵字有什麼感受，至於我自己對於「延安」的印象，則來自舊時高中課本教育殘存的記憶：「延安」等於「窯洞」。豈知，到了延安市，觸目所及，至少數十棟30～40多層樓的現代化大樓，一叢叢像雨後春筍般地聳立，馬路十分平坦，公交車新穎且川流於街道上。

現實中的延安，雖是地級行政區，但因為是中共建政發源地（紅色革命基地），所以建設都相當完備，亦有相當程度的都市風範與規格。目前「延安市」的人口數已與「台北市」幾乎相當，且物價還比西安貴，年輕人多穿露背裝、牛仔褲，早已不是印象中：百姓穿「毛裝」、穴居「黃土窯洞」的那的年代了。

• 延安市火車站前火紅市招矗立眼前，「紅色革命基地」延安人民歡迎您

• 延安火車站前街道

• 入夜後的延安

天下第一溝：袁家溝

　　8月23日，搭長途小巴從「延安」至「綏德」，在中途「清澗」下車，再請當地人用機車載我至影響中國至深且遠的「袁家溝」，參訪毛澤東故居及寫下〈沁園春‧雪〉的高台。

　　1935年12月25日，中國共產黨在瓦窰堡召開了瓦窰堡會議，制定了抗日民族統一戰線。1936年2月，毛澤東帶領紅軍抗日先鋒隊從陝西北部出發，準備東渡黃河，開赴河北追擊日軍。2月7日元宵節前夕晚上，在陝西北部清澗縣高傑村的袁家溝，大地恰好落了一場大雪，毛澤東情緒被周圍的壯闊雪景深深感染，寫了一首氣勢磅礡的詞章〈沁園春‧雪〉。

　　　北國風光，千里冰封，萬里雪飄。
　　　望長城內外，惟餘莽莽；大河上下，頓失滔滔。
　　　山舞銀蛇，原馳蠟象，欲與天公試比高。
　　　須晴日，看紅裝素裹，分外妖嬈。

　　　江山如此多嬌，引無數英雄競折腰。
　　　惜秦皇漢武，略輸文采；唐宗宋祖，稍遜風騷。
　　　一代天驕，成吉思汗，只識彎弓射大雕。
　　　俱往矣，數風流人物，還看今朝。

　　自高台俯瞰河水滔滔的黃河，自陝西省眺望山西省。短短114字的〈沁園春‧雪〉竟然改寫中國的命運，真是令人不勝唏噓。

● 陝西省袁家溝・延安毛舊居整修中

• 自「藏雪樓」俯視、眺望黃河。遠處高架公路下方平行的水路
就黃河。（拍照點是位於陝西，對岸就是山西。）

• 毛潤之自此地（藏雪樓）眺望高原下的黃河，觸動寫詞心境。

• 陝西省袁家溝，修整過的毛澤東住所（延安寨洞）

十二朝古都：西安

陝西「西安」曾為12朝古都，古稱鎬京、長安、京兆、西京、大興、安西路等。地處關中平原中部、北有渭河、南依秦嶺。歷史上先後有「西周、秦、西漢、新莽、西晉、前趙、前秦、後秦、西魏、北周、隋、唐」共十二個王朝（一說含東漢，計十三個王朝。另，河南也稱號稱曾有十三個王朝在「洛陽」建都，計有夏、商、東周、東漢、曹魏、西晉、北魏、隋、唐、後梁、後唐、後晉、中華民國[1]），如今，保存著世上現存規模最大、最完整的古城牆樓建築，繞行城牆一圈計14.7公里。

大明宮國家遺址公園

唐朝大明宮佔地3.5平方公里，據稱其面積相當於3個凡爾賽宮、4.5個故宮、12個克里姆林宮、13個羅浮宮、15個白金漢宮。廣闊的佔地面積充分顯示了唐代宮城建築的雄偉風貌。唐朝「大明宮」又稱東內，是舉世聞名的唐長安城三主要宮殿（太極宮、大明宮、興慶宮）群中最大的一座。自西元634年、貞觀8年大明宮開始建設，2014年登錄於世界文化遺產名錄。

---

[1]　1932年1月28日，日寇侵略上海，史稱128事變，國民政府主席林森於1月29日決定遷都洛陽為戰時首都，西安為陪都，並推舉蔣介石為軍事委員會委員長，通過「國難會議宣言」。由於「淞滬停戰宣言簽署」，同年5月30日又遷回南京。

大、小雁塔

　　大、小雁塔是西安排名前端的旅遊景點，亦可以說是典型的西安古蹟及標誌性建築。原是唐高宗為其母報恩，於貞觀22年重建隋代的廢棄寺廟而成，初名「慈恩寺」，曾有度僧達三百人。彼時，玄奘法師經過千辛萬苦的旅程，自印度攜回大量經典，高宗知悉後，於是在慈恩寺內興建譯經院塔迎接玄奘，同時用以保存經典，此即今日的大雁塔。因塔在寺內，故大雁塔原名慈恩寺塔。

　　在唐代，用「雁塔」作為佛塔的代表十分普遍，故初名「雁塔」。另有一說，大雁塔名是出自大雁為滿足僧侶貪食肉，而有捨身的典故[2]。此外，在鄰近有一「小雁塔」，亦稱「薦福寺佛塔」。大小雁塔均已列入聯合國世界遺產名錄中。

西安碑林博物館

　　西安市碑林博物館典藏4,000餘石碑。碑林的歷史可以追溯到唐末、五代時期，長安（西安）城務本坊的國子監內原來立有《石台孝經碑》和《開成石經碑》等重要石碑。唐末天祐元年（904年）為了保護重要的碑石不散失，將石碑集中於文廟內。北宋哲宗元祐五年（1090年）又增建碑廊、碑亭，後來又歷經各代的廣泛收集，規模逐漸擴大，至清初始稱為「碑林」。

2　有一說，按照小乘佛教的戒律，僧人可以吃三淨肉。一天眾僧人化緣，沒有得到足夠的食物，看見一群飛翔中的大雁，其中有隻大雁飛在最前面，引導眾雁飛行。有人開玩笑地說：『今天午齋食物不夠，菩薩應該知道我們的心聲吧？』」那隻引導的大雁聽到僧人的話，當即捨身墜落下來死在僧人的面前。出家人不殺生沒想到一句戲言，導致大雁捨身而死。僧人深感悲傷，僧眾認為是佛陀的點化，於是就改奉大乘佛教，不再吃所謂的三淨肉了。他們建造了一座塔，將大雁埋在塔下方。

• 西安市碑林博物館，典藏4,000餘石碑

• 碑林博物館一隅

• 西安事變紀念館（張學良公館）

歷代碑林因缺乏管理，一度遭到人為的破壞。明嘉靖三十四年（1556年），發生嘉靖大地震，大量碑石斷裂。1961年被列入大陸重點文物保護單位。1992年正式定名為西安碑林博物館，設七個陳列室、六條遊廊和八個碑亭。

聯合國世界遺產：兵馬俑

終於親臨且看到巍峨壯麗的秦始皇兵馬俑。分別有一、二、三號等三個坑穴。其中以一號坑最宏偉，具大量軍士俑、立射俑、跪射俑、武士俑、軍吏俑、騎兵俑、玉手俑、高級軍吏俑、馬俑……

秦始皇帝陵是秦朝始皇帝的陵墓，位於中國陝西省西安市市中心以東31公里臨潼區驪山，原名驪山園。現存陵冢高76公尺，陵塚位於內城西南，坐西面東，放置棺槨和陪葬器物的地方為秦始皇陵建築群的核心，目前尚未發掘。

據考證，已發現的秦始皇兵馬俑被普遍認為位於秦始皇陵的外圍，有戍衛陵寢的含義，是秦始皇陵的組成部分。

西安市兵馬俑博物館，空無一人
的售票大廳（外面正在下大雨）

西安市兵馬俑秦始皇帝陵博物館

西安市兵馬俑博物館——秦兵馬
俑一號坑遺址

西安市兵馬俑博物館——秦兵馬
俑二號坑遺址

西安市兵馬俑博物館——秦兵馬
俑三號坑遺址

- 唐明皇蓮花湯，唐玄宗從開元二年（714年）到天寶十四年（755年）的41年時間裡，先後來此達36次之多。

- 華清池海棠湯，楊貴妃的專用浴池。

皇帝貴妃的泡湯場所──華清宮

　　唐清華宮遺址內的華清池，包含有唐明皇（蓮花湯）、楊貴妃（海棠湯）、蔣介石湯（慈禧太后、光緒帝亦曾於此沐浴）等。另有皇宮貴族、大臣等約莫10個泡湯場所。還有蔣介石總統西安事變在此辦公、睡覺的「五間廳」。

乘載著各方歷史政治意識的「兵諫亭」

　　當年1936年12月12日深夜楊虎臣、張學良的東北軍要捉拿蔣中正時，蔣一躍翻牆逃向驪山，也就是在秦始皇安葬同一處所附近；次日清晨不幸被張學良東北軍逮獲。抗戰勝利後，胡宗南將軍在該處興建涼亭取名「蒙難亭」，中共建政後稱該處為「捉蔣亭」，80年代兩岸關係和緩，又改稱「兵諫亭」。

8.21-22
DAY 1-2 ｜ 陝西延安

19：45自台北松山機場起飛；21：00抵廈門高崎機場。

經過12小時轉機等待。08：05搭乘廈門航空直飛西安。

下機後，轉搭13：16「綠皮火車」至延安。（該車前一日13：30自上海發車，已慢點1.5小時）。依照時刻表定「西安－延安」需3小時34分，預計16：50到延安。

抵達延安後入住一人100人民幣的套房，講定70人民幣，等值新台幣300元。

在大陸第一餐，買回旅館吃羊雜麵人民幣18元＋小米粥2元＋餐盒1元，共人民幣21元，約等值台幣92元。

沐浴／洗滌衣服後，外出走走。夜遊「寶塔山」與「清涼山」地區，夜景及車水馬龍的車輛景觀，絕對媲美咱首善之區台北市信義計畫區初期開發的模樣。

明天一早05：40要去搭公共汽車3小時去尋找、探訪對於中國共產黨而言非常重要的發源地──「清澗縣袁家溝」。

交通路線：

- 台北→廈門／356公里（飛機）
  於廈門轉機跨夜10小時
- 廈門→西安／1,766公里（飛機）
- 西安→延安／318公里（綠皮火車）

• 早餐：老潼關肉夾饃及小米粥

• 搭著名的「綠皮火車」上海至延安路線

• 延安市「清涼山」、「寶塔山」夜景

8.23
DAY
3

延安、袁家溝

一早05：40，搭小巴從「延安」至「綏德」（單程3小時），在中途「清澗」
下車，再請當地人用機車載我至影響中國至遠的「袁家溝」（機車行程單程2小
時），參訪毛澤東故居及寫下〈沁園春．雪〉的高台。下午17：00搭公車參訪棗
園（1938年代共產黨書記處、鄧小平結婚的地方）、延安革命紀念館、延安大
學、幹部學院、楊家嶺（30年代共黨黨中央所在），一路徒步散步返回延安市區
投宿處。晚餐於延安火車站旁食鋪街坊，坐在路邊小餐桌吃晚餐。點了11元的清
真牛肉湯麵及3元羊腦一份。睡40元雅房。

明天將搭小巴士從延安去「黃陵」（黃帝陵、軒轅廟），再南下西安。

交通路線：

- 延安→陝西綏德縣城／162公里（長途客運）
- 綏德縣城→陝西省袁家溝村／109公里（地陪機車）
- 陝西省袁家溝村→綏德縣城／109公里（地陪機車）
- 綏德縣城→延安／162公里（長途客運）

· 延安至綏德的長途客運小巴

· 陝西省袁家溝，碩果僅存的窯洞，也是袁家溝導遊的家。

8.24
DAY
4

西安

一早自延安直奔「黃帝陵」，再到人口近一千三百萬的西安。

長途小巴士從延安一路狂奔300公里至西安，在晉陝甘高原筆直寬闊且多線道的高速公路上奔馳，腦海想起孫中山先生在其遺著中所追求建設中國要成為「四通八達道路修築成功」，他的夢想企求此刻已逐一獲得兌現。

到西安後，遊走佔地西安4~5個北京故宮大小的唐朝「大明宮」遺址，遺址占地廣大，走到腿軟。在「大明宮」遺址沿著「太液池」信步走到歷史遺跡「玄武門之變」的玄武門。「大雁塔」描述玄奘赴印取經，玄宗建塔的軼事。壯闊燦爛、人潮洶湧，摩肩擦踵的「大唐不夜城」。

晚間投宿有很多貓咪陪宿的「貓語青年旅館」。一晚新台幣208元，8人一房。

交通路線：

- 延安汽車站→黃陵汽車站／144公里（長途小巴）
- 黃陵汽車站→西安／183公里（綠皮火車）

搭乘從延安至黃帝陵、西安的長途小巴士

西安黃帝陵軒轅廟

大唐不夜城一隅

8.25-26
DAY 5-6 | 西安

今天一早下大雨，還好有攜帶備便的雨衣、雨褲。

早上04：00起來，摸黑搭第一班地鐵直赴兵馬俑；06：00出發，搭地鐵到「秦始皇陵」以及「兵馬俑」（建議搭地鐵[1]7元轉公交車2元，若搭巴士要120元）。

先到距市區較遠的「兵馬俑」參觀後，再輾轉換乘兩趟車到「驪山」、「華清宮」（蔣介石蒙難處、被兵諫處所）。鎮日一天大雨，將身子濕透。盤纏、證照、行李、現金……雖然預先用塑膠袋包裹，但整日大雨都將防水背包、內袋濕透了。

在兵馬俑入口處，當數萬人在淋雨排隊買票，我已持台胞證[2]進入專屬通道且空無一人的售票處拿到票了，隱約感覺台胞證受到些許善意的優惠。

回市區，參訪「陝西歷史博物館」，很幸運，有一位該處志工知道我是台北故宮志工，所以很快用一小時為我專人導覽。青銅器、唐三彩比台北故宮豐富多很多。

17：00吃今天第一餐「葫蘆頭泡饃」「水盆羊肉泡饃」[3]

今晚再睡台幣209元的民宿，明天要去看看「西安博物院」、「西安碑林博物館」，登世界最完整、全長14.7公里的「西安城」。

• 陝西歷史博物館，志願者服務處

◆註釋

1　西安地鐵有16線，交通相當方便。
2　大陸人口眾多，為分散人潮，所以景點參觀都須透過網路預約，並在預約時段參觀。因為我沒有大陸行動電話門號，所以無法預約。然向景點入口安檢人士說明原委後，通常都會獲得諒解，並彈性接受咱的參觀。
3　「水盆」泡饃就是有湯的泡饃、「葫蘆頭」就是「豬大腸」。

8.27
DAY
7

西安

隔日，仍是霪雨綿綿，走訪西安歷史博物院與小雁塔、碑林博物館以及14.7公里的西安城牆。

今日在火車「西安北站」終於吃到陝北特有麵「ㄅㄧㄤ、ㄅㄧㄤ、麵」[1]，免費續且份量大碗、料多好吃。

在西安傳統市場買伍仁豆沙、火腿豆沙月餅，一個2.5元，提前過中秋。無子葡萄一串2.3元，傳統市場的東西價格就是經濟實惠。

在西安三天，走訪兵馬俑、華清池、大／小雁塔、大明宮、大唐不夜城、鐘／鼓樓、回民街、環城14.7公里、玄武門遺址、陝西歷史博物館、西安博物院、張學良公館、西安事變紀念館。品嘗小米粥、肉夾饃、涼粉、粉蒸肉、葫蘆頭泡饃、水盆羊肉泡饃，盡是北方麵食。

晚上睡覺美元5元膠囊青年旅館。

兩天的大雨，整理背包，竟然發現遺失了人民幣1000元！明明鎖在背包拉鍊扣內？被偷？遺失？財去人安吧，只得往正面想想。預計隔日搭10：55的高鐵，下午17：00抵達北京，接下來準備赴東北。

• 傳統市場豆沙月餅，共五元；無籽葡萄只要2.3元

• 陝北特有麵「ㄅㄧㄤˋ、ㄅㄧㄤˋ、麵」，西安火車站店家免費續且份量大碗、料多好吃。

◆ 註釋

1 「ㄅㄧㄤˋ、ㄅㄧㄤˋ、麵」，又稱油波麵，是一種源自陝西美食的中國麵條。被譽為陝西「八大奇觀」之一的麵條，因其粗細和長度而被形容為像皮帶一樣。Biangbiang麵條因使用獨特製作過程持續用麵體拍打桌面發出聲音個性而聞名。該字符異常複雜，其傳統形式的標準變體包含58個筆劃。最長達70個筆畫，順口溜歌謠：一點飛上天，黃河兩邊彎，八字大張口，言字往裏走；左一彎，右一彎；左一長，右一長；中間夾個馬大王。月字旁，心字底，留個鉤搭掛麻糖，推個車車進咸陽。

Chapter

02

8月28日至8月30日

北京

政治權力的中心：北京

北京中國國家博物院

　　來到北京，必定得造訪天安門廣場，及其周圍景點，包含了正北方的故宮（又稱紫禁城）、東邊的中國國家博物館、西邊的人民大會堂，以及正南方的毛澤東紀念館。

　　中國國家博物院的典藏品很豐富，典藏重點在地下一樓的「古代中國」，典藏相當大量，相較比台北故宮典藏多了好多藏品，但變化性不高。畢竟是典藏物的發源地，而且是國家級的，青銅、陶瓷少不了。

　　毛澤東的〈沁園春‧雪〉墨跡更是以約30×15公尺的巨幅姿態，高高懸掛壁牆上。但我瞧見一件趣事：一幅宋太祖趙匡胤坐像畫「複製品」出現在眼前，為什麼我知道它是印刷複製品？因為原稿正本其實典藏在台北故宮！

• 北京市天安門紫金城

• 北京市天安門中國國家博物館

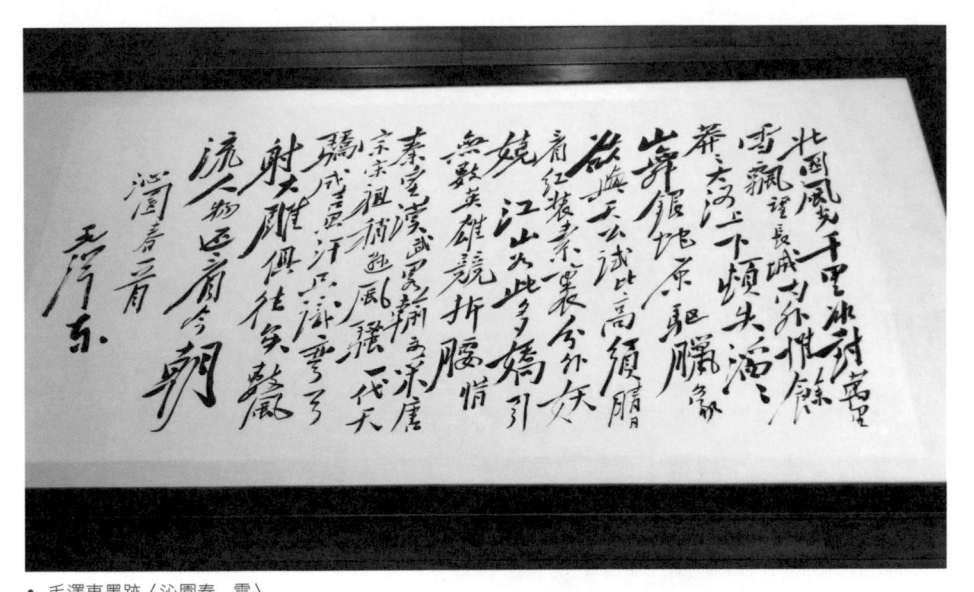

• 毛澤東墨跡〈沁園春　雪〉

• 宋太祖趙匡胤坐像畫「複製品」

北京故宮博物院

　　故宮（紫禁城）占地面積達780,000平方公尺，周圍環繞高10公尺的城牆及寬59公尺的護城河，城南東西寬753公尺、南北長961公尺，平面呈長方形。

午門

　　午門過去是頒發皇帝詔書之處。每年農曆臘月初一，在午門舉辦頒布翌年曆書的「頒朔」典禮。遇到重大戰爭，軍隊凱旋時，在午門舉辦向皇帝敬獻戰俘的「獻俘禮」。明朝皇帝處罰大臣的「廷杖」也是在午門前舉行。

　　民間傳說中有所謂「推出午門斬首」的說法，也是指午門前，但將此處作為殺人刑場是不可能發生的事情，這種民間傳說並不符合史實。事實上清代京師地區的死刑執行場所是菜市口法場，位於北京市舊城宣武門南側，亦為故宮西南方，現有北京地鐵菜市口站。

• 北京市故宮（紫禁城）午門，也是影視劇中傳說中斬犯人處所

太和殿

　　太和殿，俗稱金鑾殿或金鑾寶殿，為北京故宮外朝三大殿中最南面的宮殿，是紫禁城內規模最大、開間最多、進深最大和屋頂最高的殿宇，也是中國現存古建築中面積最大的一座，明清兩朝北京城內最高的建築，堪稱中華第一殿。皇帝登基、冊立皇后等大典都在此舉行。太和殿是皇權的象徵，因而在各種形式上都刻意追求與眾不同。

　　太和殿位於紫禁城南北主軸線的顯要位置，太和殿、中和殿、保和殿建在一座三層漢白玉台基上，合稱「三大殿」，位於紫禁城中軸線暨北京中軸線上。「三大殿」和東面的文華殿、西面的武英殿等建築合稱「外朝」。

• 太和殿內殿

乾清門

　　乾清門是北京故宮內廷正門，因乾清宮而得名，過此門方見乾清宮。乾清宮與交泰殿、坤寧宮合稱內廷後三宮，也是清朝皇帝停靈、暫厝之處。世祖、聖祖、世宗、高宗、仁宗、宣宗、文宗、穆宗和德宗均停靈於此。

• 乾清宮及其內殿

交泰殿

交泰殿位於乾清宮和坤寧宮之間，殿名取自《易經》，含「天地交合、康泰美滿」之意，是皇帝和后妃們起居生活的地方。交泰殿約為明代嘉靖年間建，順治十二年（1655年）、康熙八年（1669年）重修，嘉慶二年（1797年）乾清宮失火，殃及此殿並於當年重建。

• 交泰殿內殿

故宮典藏

　　早年「台北故宮」、「美國大都會博物館」、「英國大英博物館」、「法國羅浮宮」有世界四大博物館的軼聞美譽。推究原因，主要是台北故宮典藏了中國歷代皇帝典藏文物的精品。其中原屬中央博物院籌備處者，多係古物陳列所舊藏，為熱河避暑山莊、瀋陽行宮所有。今日台北故宮博物院典藏主體，實匯集北平、熱河、瀋陽三處清宮之文物，現有典藏物約70餘萬件。相對於北京故宮180萬件，台北故宮因對日抗戰、國共內戰的原因，逃避戰火，因此，選件裝箱的寶藏件件皆是精品中的上上精品。

　　諾大的北京故宮，其典藏物均集中於「珍寶館」，是故宮博物院常年開館的重要陳列館之一。故宮珍寶館位於「寧壽宮」區域。從「保和殿」右轉景運門進入，經過著名的九龍壁，內分養心殿（第一室）、樂壽堂（第二室）、頤和軒（第三室）三處，館藏珍寶極豐富，涵蓋佛教用品、飾品、日用器具和賞玩珍品等，這些珍寶大都選用金、銀、玉、翠、珍珠及各種寶石等名貴材質，並徵調各地著名匠師設計製造。竭盡巧思，其工藝代表了當時的最高水平。其中高14公分的紅珊瑚獅子、長137公分的東珠朝珠、17.5公分高的金「奉天之寶」璽等，都是難得一見的珍品。

　　具15年台北故宮志工資歷的我，這些景物歷史背景的衝擊該比多數人熟稔、感動許多。除20年前因公務考察台資企業南京、鎮江兩地，15年前參加廈門馬拉松、5年前參與萬里長城馬拉松賽事外，此刻第四次登陸的我渾然不知道目前大陸景點多已改採電子式預約參觀。「天安門」、「國博院」、「紫禁城」、「毛主席念館」等皆須預約才得參觀。

　　然而實名制下，我其實也無法預約，因為台灣手機號無法收得大陸回饋訊號；甚至台灣手機號是無法鍵入預約系統。但我還是設法參觀了，而且是完全「合法合規」的方式：即是，秀出台胞證，誠實告知因為無大陸電話門號，所以系統無法預約……入口安管多會彈性同意放行的，畢竟是千里迢迢來參訪。

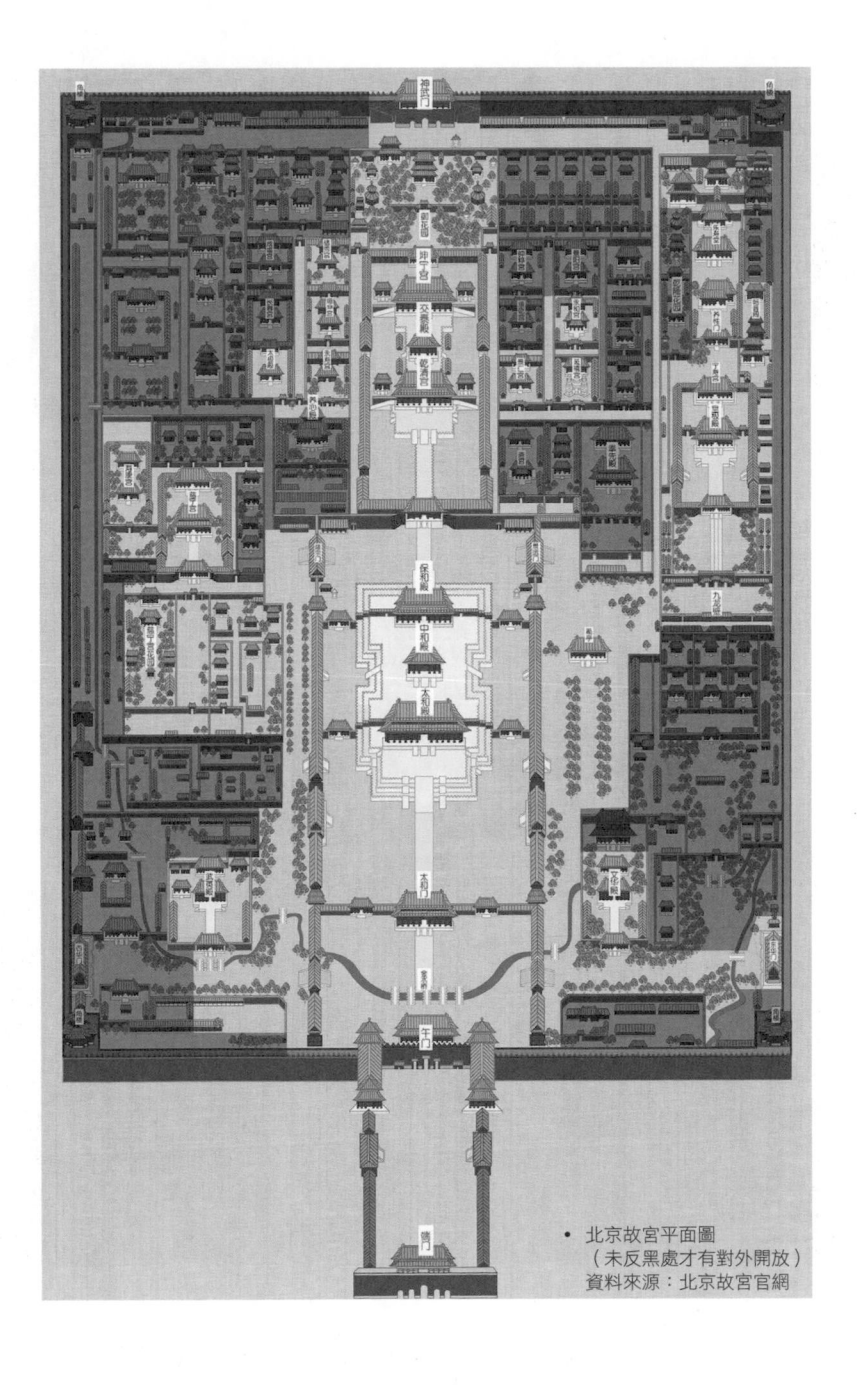

• 北京故宮平面圖
　（未反黑處才有對外開放）
　資料來源：北京故宮官網

• 坤寧宮及其內殿,坤寧宮為皇后大婚場所,後成為專供薩滿祭祀用。

• 故宮博物院北門出口

天下第一關：「山海關」

　　山海關地處華北與東北的交界處，自古為交通要道，是中國古代的軍事重鎮。明洪武十四年（1381），大將軍徐達在此建設，山海關的鎮東門就成為出關入關的交通孔道。行人、商賈、外國使節等經此過關，需經驗明批引文憑方可放行。

　　山海關也是明朝叛將「吳三桂」為「陳圓圓」開關引入滿族清軍，以至造成明朝覆亡的一個重要隘口。相接山海觀山脊上的長城由近及遠依次為角山長城、三道關長城、九門口長城；以南的長城被稱為右翼長城，最南端的入海石城伸入渤海，因形似龍頭伸入大海，故俗稱為老龍頭。

　　在山海關城門上繞行「城牆東南西北一圈砸」約莫4~5公里，費時約2小時有餘，看看牆黑瓦古建築，可冥想見推論吳三桂軍隊駐紮其內，後開關門引入清敵陣營的歷史點點。

8.28

DAY 8

前往北京

要注意大陸火車站「北站」、「西站」、「東站」……它指的就是一個實體站，不是位於該站的北邊、西邊或東邊，而且站與站往往相隔甚遠。

8月28日，自「西安」搭上時速306公里的高鐵抵達「北京」，第一件讓我深感震撼的事情是：汽機車在馬路上，安安靜靜的、一點聲音都沒有。（與大媽在公共場所，扯喉嚨大聲咂咂嚷嚷著差很大。）不管是機車、三輪車或是公交車，都寂靜無聲、靜悄悄的。究其原因，原來諾大的北京與絕大部分大陸的交通工具，皆已改為「電力」驅動的。這與五年前我來參加「北京金山嶺萬里長城馬拉松」的空氣污濁真有天壤之別。

交通路線：

● 西安北站→北京西站／1,073公里（高鐵）

・ 北京火車站

8.29
DAY
9

北京

第二天一早07：00就溜達到天壇，走上「祈年殿」，踏上一旁秋風送爽的綠地，坐草地上的我不知不覺地睡著了。太累了！

午間信步隨緣，吃了街邊「緣趙記」的勾芡炒牛河、大肉包子、小米粥，共34元。吃完了，路人才告知我，這是北京最好吃的炒牛河（搜尋網路，也如此說）。

餐後頂著秋老虎的豔陽自「天壇」步行6公里多到「天安門廣場」，天安門廣場四方位建築：正北是故宮（紫禁城）、東方是中國國家博物館、西方是人民大會堂、正南則是毛澤東紀念館。今天的行程是參訪「中國國家博物院」與「故宮博物院（紫禁城）」。

• 天壇為皇帝開始祭天所在地。天壇始建於明成祖永樂十八年（公元1420年），原名「天地壇」，明嘉靖九年（公元1530年）在北京北郊另建祭祀地神的地壇，並改名為「天壇」。

• 北京「緣趙記」勾芡炒牛河、大肉包子、小米粥。

8.30
DAY
10

前往東北

在北京最後一天的早點：豆腐腦（鹹的／勾芡）＋油條＋光餅，共9元。隨後便準備出發前往東北。

北京有八大火車站（北京、北京東、北京西、北京南、北京北站、北京峰台、北京朝陽、北京大興），若含大小不等，北京實際上有109個火車站。從住宿點「北京西站」要轉3次地鐵，才能到「北京站」，「北京站」是個古老建物，高挑，古色古香的建築物。再搭「綠皮火車」往「佳木斯」線，經過4.5小時，在「山海關」站下車。

在「山海關」景點住宿，在第一次感受到對台胞非常不友善，甚至有點敵意。問了20多家旅館，都說不接待台胞（應說只接待具大陸身分證人士），將臺灣視為「外賓」？莫非是鼓勵「台灣獨立」？不得已，只好投宿涉外的三星旅館亞朵飯店，一晚440人民幣（與嗣後各地住宿一晚40~70元人民幣，差距近10倍有餘）。

辦妥住宿登記，趁太陽未下山前17：00趕快去登「山海關」。登臨關上，遠眺遙看「關外東北」vs.「關內華北」，歷史情節「吳三桂衝冠一怒為紅顏，導致大明傾覆」、「日軍侵華」、「商賈仕紳往返關內外淘金」等，思緒更在黃昏下波濤洶湧，甚多惆悵與慨嘆……

交通路線：

● 北京站→山海關站／307公里
（綠皮火車）

• 豆腐腦＋油條＋光餅，共9元

• 山海關火車站

8月31日至9月7日

遼寧：瀋陽、丹東

黑龍江：哈爾濱、漠河、北極村

東北的核心城市：瀋陽

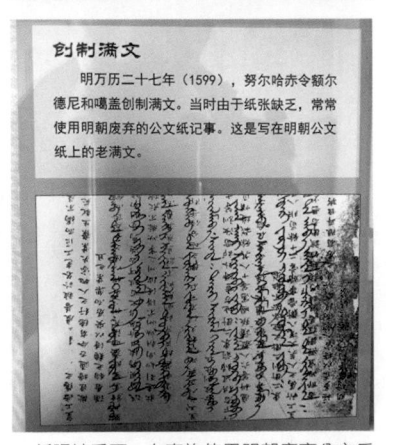

創制滿文

明万历二十七年（1599），努尔哈赤令额尔德尼和噶盖创制满文。当时由于纸张缺乏，常常使用明朝废弃的公文纸记事。这是写在明朝公文纸上的老满文。

• 紙張缺乏之下，女真族使用明朝廢棄公文反
　面寫上滿文

瀋陽故宮

　　瀋陽故宮、北京故宮、熱河避暑山莊，號稱清代三大皇宮，可說是當時政治權力的中樞所在。除了三大皇宮外，再加上台北故宮、香港故宮，總計有五處典藏著遜清寶物。不過瀋陽故宮占地6萬多平方公尺，規模其實比占地78萬平方公尺的北京故宮要小得多。

　　瀋陽故宮建於1625年，可一窺清帝室入關前，後金女真族的生活、經濟、社會與政治脈動。全區用心瀏覽加上休憩大約需2小時，然後可以悠閒地步行約30分鐘到600公尺距離外的張學良舊居、張學良紅粉知己趙一荻故居、瀋陽金融博物館，三者在同一區塊，舊居與故居僅有一牆之隔，跨過一條小巷就是瀋陽金融博物館。

張學良舊居

　　張學良舊居又稱少帥府或大帥府，是中華民國大陸時期奉系軍閥張作霖及其子張學良的官邸，少帥府的主體建築，是一座五層樓的西式洋樓，曾是張學良的辦公和起居場所，由於採青磚建造，也被稱為大青樓。

- 少帥府內大青樓
- 張學良紅粉知己趙一荻故居（與少帥府相隔一牆）

- 少帥府內小青樓，民國17年6月，張作霖在皇姑屯被日軍炸傷後，就在此處過世。

虎山長城景區

　　虎山長城是鴨綠江4A大陸風景名勝區的核心景區，與朝鮮隔江相望，也是一覽中朝兩國邊境風光的最佳去處。虎山長城始建於明成化五年（公元1469年），是「萬里長城東端起點」，也是中國重點文物保護單位，並被列入世界文化遺產名錄。景區內還有中朝邊界「一步跨」、睡觀音、古棧道、索橋等諸多景點，以豐富的文化底蘊和獨特的自然景觀馳名海內外。

• 遼寧丹東市虎山長城入口

陸峭的虎山長城

• 虎山長城中朝邊界，雙腳橫跨兩國邊境「一步跨」

鴨綠江斷橋景區

　　斷橋景區是鴨綠江國家級風景名勝區標誌性景區。斷橋原是鴨綠江上的第一座鐵橋，由日本殖民機構──駐朝總督府於1911年建成，抗美援朝戰爭期間被美軍飛機炸斷，中方一側所剩四孔殘保留至今。為大陸重點文物保護單位、紅色旅遊經典景區。

• 遼寧丹東市鴨綠江斷橋

• 志願軍抗美援朝塑像　　• 鴨綠江的水真的很綠

東方莫斯科：哈爾濱

　　全市土地面積5.31萬平方公里
（台灣3.65萬平方公里），2022年末
戶籍總人口939.5萬人，其中市區面
積10,198平方公里，九區人口551.9
萬人。擁有45個少數民族，匯集多
種宗教文化，是中國唯一的佛教、道
教、基督教、天主教、伊斯蘭教、東
正教並存的城市。

　　哈爾濱（滿語：意為「槳城」或
「囊臍城」、曬漁網），簡稱哈埠或
哈市，別名「北國冰城」、「東方莫
斯科」，位於大陸東北平原北部，是
大陸黑龍江省的省會，副省級市，東
北地區重要的區域中心城市。哈爾濱
是中國東北北部的政治、經濟、文化
和對外開放中心，也是大陸省會城市
中轄區面積最大、轄區戶籍人口第三
多的特大城市，年均溫4.4度。

• 哈爾濱火車站

• 哈爾濱計程車統一是亮眼澄澄的「黃金色」，
真是一大特色。

松花江畔的中央大街

　　聖索菲亞教堂位於中國黑龍江省哈爾濱市道裏區，為蘇聯軍隊隨軍教堂。近中央大街，是遠東地區最大的東正教教堂。教堂現已闢為哈爾濱建築藝術館，不再行使宗教功能。「聖索菲亞」詞源為「神聖的智慧」。

• 哈爾濱聖索菲亞教堂

• 松花江畔

中國最北方的一座城市：漠河市

　　要到大陸最北極的城市黑龍江漠河市，除了自駕外，交通工具只有火車，而且僅有「綠皮火車」。從哈爾濱起點到漠河市，南北距離達1,174公里，火車要19小時又10分鐘。很難想像初秋9月4日自哈爾濱出發時火車還開著冷氣，一路上火車在大興安嶺穿梭前進，深夜入睡時漸近降溫，凍索索中醒來越過齊齊哈爾市，冷氣已轉換為暖氣了。冷暖氣的交錯是非常特殊的體驗。

・ 2023年元月22日7時測得歷史上最低溫：攝氏－53度

• 漠河市北極村入口

• 漠河市北極街

漠河市是大陸最北的城市。
面積18,427平方公里，邊境線
長達242公里。冬季氣溫一般
在-40℃以下，是全中國氣溫最低
的縣份。年平均氣溫為-3.9℃，
最低氣溫記錄為2023年1月22日7
時測得的-53℃。

• 漠河市神州北極勒石

• 漠河市北極村與俄羅斯交界

• 晨霧瀰漫下的黑龍江，對岸即是俄羅斯

哈爾濱市區遊覽

　　哈爾濱地全年平均氣溫只有5.2℃，冬季嚴寒漫長，夏季溫涼短促，是大陸近幾年最火熱的冬季旅遊勝地。著名且推薦的景點包含有：聖索菲亞大教堂和索菲亞廣場、松花江畔、太陽島內的企鵝動物園和老虎園、中央大街、兆麟大街、尚志大街、黑龍江博物館、哈爾濱城市博物館、哈爾濱工業大學、哈爾濱索道及俄羅斯小鎮等。冬季建議一定要去哈爾濱冰雪大世界，並到洗浴中心體驗當地著名的「搓澡文化」，讓專業的服務人員幫你潔淨身心！

• 黑龍江省博物館

• 黑龍江省博物館內仿俄羅斯人生活場景

• 哈爾濱工業大學，為前行政院孫運璿院長的母校

• 哈爾濱工業大學電機學院電機樓，已是該校的歷史建築。當日洽詢電機樓的學生，有位博士生竟然還知道，而且非常清楚咱行政院長孫運璿先生對台灣的貢獻。據其稱孫院長過世祭奠時，該院還派師生代表團到台灣致意。

8.31

DAY 11

前往瀋陽

一早，興沖沖起床，要去名聞遐邇的萬里長城入海處的老龍頭段[1]，哪知老天傾盆大雨阻斷到老龍頭的遊興。突來的暴雨，雨勢比擬台灣颱風來襲時那麼般大，十公尺外不見人、物。等待約莫40分鐘後，看雨勢沒停歇跡象，再細想若此刻到老龍頭登城遊憩，全身鐵定濕透……念頭一轉，就招輛的士搭到兩公里外的山海關火車站打算離開山海關改赴瀋陽。

雨，來的又急又大。雨勢之大，在住宿的涉外賓館前、火車站前，都是湍急水流，積水成溪，上車，下車赴車站時，不得不跑跑跳跳躲水流，像似在趕衝鋒。

火車一出山海觀站，乍時天空一片蔚藍，放晴了。太棒了，即將目睹台北、北京以外第三個故宮──瀋陽故宮。

抵瀋陽，選擇住宿時又面臨到與在山海關投宿時候一樣的困境，價格實惠的賓館多數不接待非持大陸居住證的客人，來自台灣的我，一定要選擇有招待外賓，也就是有涉外執照的酒店（台灣稱飯店）。當然，既然有條件限制，可選擇機會較少，但用點心思多問問，還是在距火車站一公里處找到落腳酒店。

交通路線：

● 山海關站→瀋陽／389公里（綠皮火車）

・ 瀋陽車站

・ 烤羊肉串，一份人民幣42元

・ 路邊的糖葫蘆攤販

◆註釋
1　距山海關5.3公里處，為萬里長城自「山海關」延伸入渤海的一段。

9.1

DAY

12

瀋陽

瀋陽故宮，是關外清帝室女真族發源地的政治重心。

經果百餘年的時空轉換，現在瀋陽故宮周遭熱鬧得不得了。通往瀋陽故宮正門的盛京路，沿路兩旁食鋪、紀念品店林立。因為它是是著名遊覽景點，雖我一早約08:00抵達，但還是人山人海。不過，隨著時間近午，人潮更見擁擠。

因此，在大陸旅遊，越早出發越好。除了突發事故的排除、可享受較好的參觀品質，還有可以躲避艷陽的折騰。當然，無法取得參觀景點預約資格的台胞，若早到也較有可能獲得圓滿進入參觀機會。

離瀋陽故宮600公尺之遙的張學良故居，人稱少帥（張學良）府，亦稱大帥（張作霖）府。故居裡面埋藏甚多的近代中國史軼事：大帥在中長（中國長春／又稱東清鐵路。自滿州里至綏芬河）鐵路皇姑屯被日寇埋炸藥炸傷致死、東北易幟從五色旗，改歸民國青天白日旗、張學良與楊虎城發動西安事變兵諫蔣中正，改寫中國發展史、事變後張學良被軟禁幽居59年⋯⋯

與少帥府一牆之隔即是陪伴72年張學良終老的趙四小姐趙一荻的故居。再隔一條巷子口，朝陽街口是「瀋陽金融博物館」，記載著東北金融，鈔、幣、券的發展史。

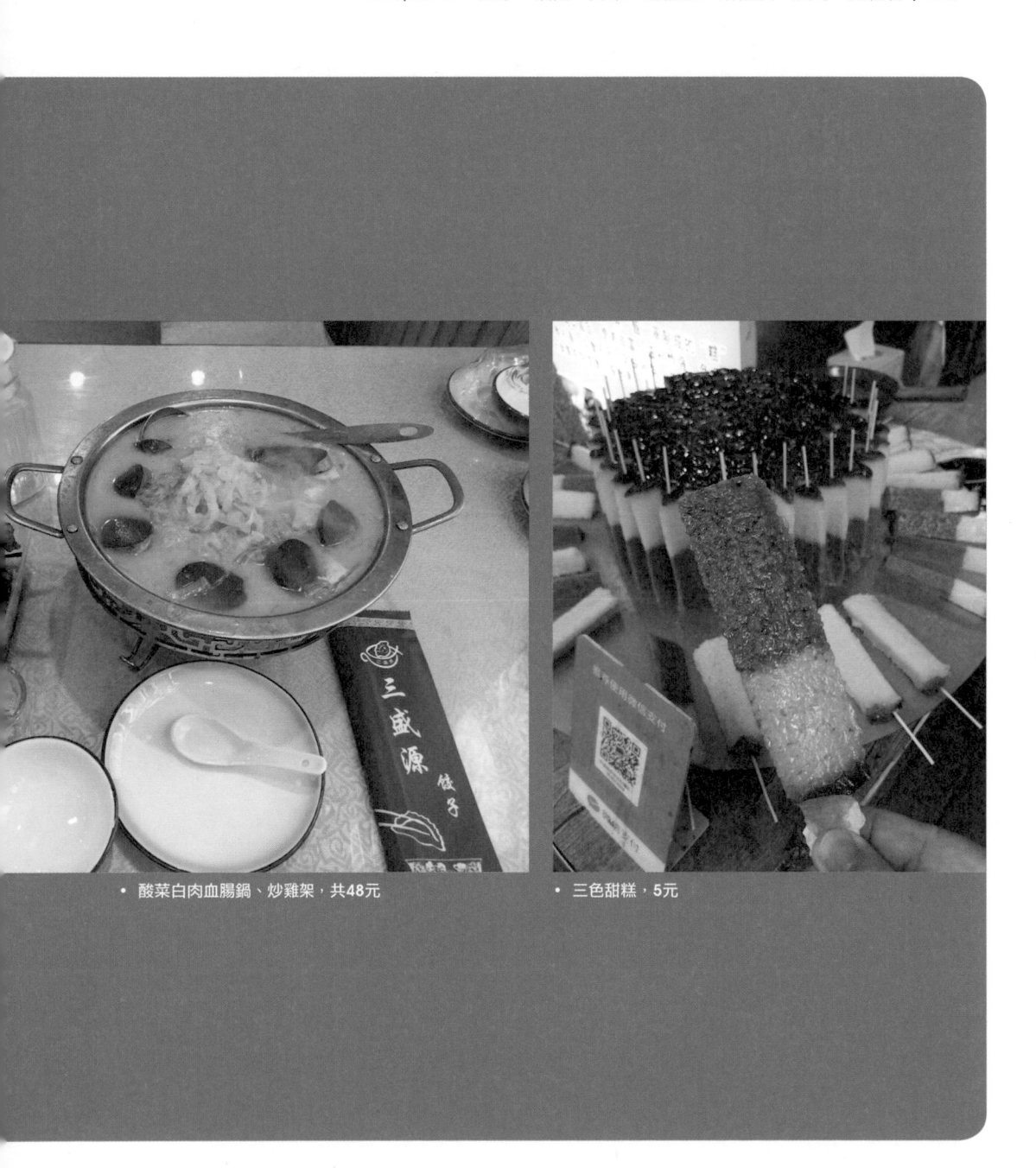

- 酸菜白肉血腸鍋、炒雞架，共48元
- 三色甜糕，5元

9.2
DAY
13

遼寧丹東市

丹東市，1949年稱安東市。近年，歷史學者考證萬里長城最東段非大家耳熟能詳的山海關，亦非延伸段的入海的老龍頭。實際上，應是燕朝（另一說是明朝）修築座落在丹東市的虎山長城。

登臨虎山長城可眺望北韓（北朝鮮），一望綠油油無邊際的北韓農地，與關內登各段長城看眺望長城外的景觀多是山巒起伏的景觀大相逕庭。

離開虎山長城後，當然要親臨鴨綠江，去憑弔1950年爆發的韓戰鴨綠江斷橋。一樣是人山人海的景點，此刻遊客如織、歡樂此起彼落的氛圍，已非當年中國人民志願軍舉著「抗美援朝」旗幟、各式糧草跨越鐵橋湧入北韓那時戰火煙硝瀰漫。

是的，鴨綠江江水顏色一直很綠，被美軍空襲而留存的斷鐵橋仍在，遙想當年戰爭的慘烈：「可憐綠江河邊骨，猶是深閨夢裡人」。

交通路線：

● 瀋陽→丹東市虎山長城／262公里（綠皮火車238公里
　＋長途客運24公里）
● 丹東市→瀋陽／262公里（綠皮火車）

• 哈爾濱冷麵

• 哈爾濱美食──大鍋炖雞

• 丹東火車站

9.3 DAY 14

黑龍江哈爾濱

哈爾濱，暱稱東方莫斯科。

早年俄羅斯人大批進駐、墾荒。現在市內多數建築仍保有俄羅斯色彩，聖索菲亞教堂是當地最著名的地標。大脆皮列巴麵包、哈爾濱紅腸也仍保有俄式風味。尤其哈爾濱紅腸，鋪貨幾乎是市內各商家、火車站、飛機場觸目可見。市區精華地段中央大街亦是俄羅斯風味十足、俄式特產店、俄羅斯餐廳林立。猶太人於1,900年創立的馬迭爾（MODERN）冰棍（在台稱冰棒）迄今仍人氣不衰，甚至發展出多種風味、甚至延伸到開設餐廳、旅館。特別是市區路邊的小攤販，也會打著馬迭爾招牌販售著山寨版的馬迭爾冰棍。

與中央大街平行的路段有尚志大街、兆麟大街、兆麟公園等都是哈爾濱著名的景點。中央大街尾端就是松花江，松花江上有太陽島，島上有老虎園、企鵝館。冬季更有取自松花江水冰塊堆砌成「冰雪大世界」，它每年冬季吸引數百萬參觀群眾，2024年更成為大陸冬季旅遊最火紅的景點。

哈爾濱市，尚有黑龍江省博物館、211重點大學哈爾濱工業大學（哈工大）可瀏覽。冬天更一定要去「冰雪大世界」朝聖、品嘗「山河屯鐵鍋燉大鵝」及「五常大米」、夜宿澡堂泡澡＆搓澡。

交通路線：

● 瀋陽→哈爾濱／546公里（綠皮火車）

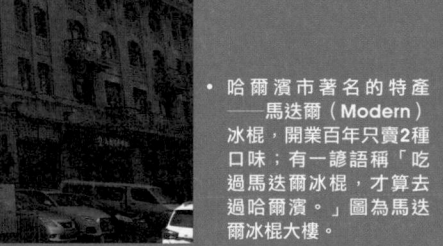

• 哈爾濱市著名的特產——馬迭爾（Modern）冰棍，開業百年只賣2種口味；有一諺語稱「吃過馬迭爾冰棍，才算去過哈爾濱。」圖為馬迭爾冰棍大樓。

• 馬迭爾德式西餐廳

• 俄羅斯紅腸

9.4-5
DAY
15-16

漠河、北極村

漠河，在黑龍江省，中國大陸最北極之處，也是冬季測得最低溫攝氏負53度的地方。實際上中國最北要自漠河市搭車77公里到更北遠的北極村。

在北極村，隔著黑龍江眺望對岸就是俄羅斯。

火車從哈爾濱出發時還開冷氣，一路搖搖晃晃穿過大興安嶺原始森林，過了齊齊哈爾，冷氣就改為暖氣。哈哈，真的是冷啊，只有4度C！

莫河到了……。雖然是9月天秋老虎正肆虐，但下火車，一股寒意襲來仍不免打個寒顫，僅有4度C。甚至連火車站建物大廳上的「漠河站」三個大字，字體都是「銀白色」。

既然來到舟車勞頓極北，午餐點個稀有的紅燒「黑龍江魚」慰勞自己，口感不錯，但稍鹹。漠河，中國極北，空氣清爽的不得了。晚餐一碗玉米麵，次日早餐雲吞麵，各15元，經濟實惠。另外，北極村特產：100%純藍莓汁，一瓶才5元，超甜水果菇蔦（黃色，又稱鳳梨果、燈籠果子），半斤也僅3元，便宜又好吃。

「極光」碰運氣難得看見，是到北極圈或近北極圈的旅人所企求見到。晚餐後氣溫2度C，閒閒無事，摸黑到黑龍江邊走走，北極村的旅遊單位，甚是貼心用雷射打人工極光在天空，飄飄渺渺……綠色藍色，一如旅遊影片看的景觀，美極了！

交通路線：

● 哈爾濱→漠河／1174公里（綠皮火車 硬座19小時）
● 漠河→北極村／77公里

● 漠河火車站，連車站字體都是銀白色的

● 立牌後方是黑龍江，黑龍江後方綠色植物地區 則已是俄羅斯境內

● 蘋果與菇蔦（又稱鳳梨果、燈籠果子），6元

9.6-7
DAY
17-18

返回哈爾濱

這幾日的清晨破曉時分，我信步沿著黑龍江畔散步，江的對面是俄羅斯。江面浮起薄霧，白色的晨霧在江面飄飄然行走，白雲悠悠，江水東流。黃自那首「天倫歌」歌詞陣陣在耳際響起：「收拾起痛苦的呻吟，獻出你赤子的心情；老吾老以及人之老，幼吾幼以及人之幼……服務犧牲，服務犧牲，捨己為人無薄厚……浩浩江水靄靄白雲　莊嚴宇宙恆古存，大同博愛共享天倫！」

一望無際的藍天、白雲、綠樹、黑水，念天地悠悠，獨愴然泣下！

返程路途漫漫，經哈爾濱，轉赴往內蒙古高原自治區的起點──「經棚」。

交通路線：

- 北極村→漠河／77公里
- 漠河→哈爾濱／1174公里（綠皮火車硬臥19小時）

- 雲吞麵，15元

- 北極村裡的飯館

- 玉米菠菜麵，15元

9月8日至9月10日

內蒙古自治區

內蒙自治區克什克騰地區

　　「克什克騰」地區與「成吉思汗」、「窩闊台汗」有著不解關係。他們曾多次光顧這片湖光山色的草原，為弘吉剌部載入史冊。追憶往事，各族人民在這片土地上曾經上演了無數故事，傳說著神奇的草原，激盪著歷史的回音。

　　克什克騰是內「蒙古高原」的一個重要組成。也是「大興安嶺山脈」、「燕山山脈」、「渾善達克沙地」三大地貌的結合部，地質遺跡異常豐富多樣，是塞北的金三角。境內的達里諾爾火山群是大陸東北地區的九大火山群之一，是研究火山的天然博物館。再加上其地理位置屬於「東北植物區系」、「蒙古植物區系」和「華北植物區系」的交匯區，植物種類繁多，奇花異草。從春到秋，常年不斷，有「北京後花園」之美譽。

　　「克什克騰」最初源於「成吉思汗」創建的親軍衛隊名稱。15世紀又作為蒙古部名使用。至清初，克什克騰部仍屬於北元汗系的一個遊牧集團。天聰八年（1634），克什克騰部首領索諾木率部歸附清朝。

　　道光五年（1825），清廷於當地設白岔巡檢司，該區始行蒙、漢分治。光緒十年（1884），白岔巡檢司遷至經棚。1916年，撤白岔巡檢司改建經棚縣，隸屬熱河省。直到1949年撤縣入旗，今日的「克什克騰」是中國內蒙古自治區赤峰市下轄的一旗[1]，行政中心為「經棚鎮」，為一般遊客從內蒙古自治區前往大草原「烏蘭布統」的重要起點。

---

[1]　「旗」為內蒙古自治區的行政區劃，起源於清代，行政地位與縣相同。大陸現行行政體系主要包括4級結構：第一級為省級行政區、第二級為地級行政區、第三級為縣級行政區、第四級為鄉級行政區。克什克騰旗為「省級行政區『內蒙古自治區』」下「地級行政區『赤峰市』」所下轄的，屬於「縣級行政區」。

　　此外，經棚鎮上最重要的一條街道「應昌路」，其名稱取自七百多年前草原上的「藩王府城」、「元朝的重要路城」、「元末及北元之初的都城」──「應昌」。應昌城作為隨同元朝的崛起而興盛的草原重鎮，曾在元代政治、經濟、文化、軍事及交通等方面有過舉足輕重的地位。如今只餘斷壁殘垣，裸露的殿、破碎的殘碑，這些昭示著這裡曾經的輝煌。

　　今日，在這片美麗、神奇、富饒的草原上，草原名城應昌，永遠塵封在達裡諾爾湖畔貢格爾草原上，城池內外深厚的文化積澱，早已融入到「克什克騰」人的血脈裡。

• 克什克騰世界地質公園博物館與克什克騰博物館，距今6000年於考古學上著名的「紅山文化」與「興隆洼文化」，就在克什克騰旗。

烏蘭布統大草原

　　烏蘭布統是克什克騰旗下轄的一個「蘇木」¹，古稱烏蘭布通。烏蘭布統是蒙語音譯，所以烏蘭布統、烏蘭布通兩個名字可以通用。烏蘭是「紅色」的意思，布通是「壇形」的意思，所以「烏蘭布通」指的就是「紅色的壇形山」。烏蘭布統的東部和中部山脈綿延起伏，西北部則多沙丘，最高海拔達1,869公尺。西元1690年「清朝」與「準噶爾汗國」之間的烏蘭布通之戰，就是在此爆發，清朝成功阻擋了蒙古悍馬的前進，此役也成為清朝後來打敗準噶爾汗國的基礎。

　　烏蘭布統以絕美的風景聞名中外，此地的自然景觀，包含草原、湖泊、沙地、濕地、林地等大多保存完好，廣闊的草原地貌以及附近著名的紅山軍馬場，提供了中國古裝影視劇絕佳的拍攝資源，《還珠格格》、《康熙王朝》、《漢武大帝》等多部紅遍全亞洲的劇集都選擇在這裡取景，當地甚至直接規劃出一處影視基地，方便不同劇組利用；再加上以蒙古文化為主的人文旅遊，展現了蒙古民族風情、古戰場遺址及特色飲食，讓這個位處偏遠地方，成為熱門且絕對值得到訪的景點。

---

¹　「蘇木」為內蒙古自治區的行政區劃，為第四級行政區劃分，行政地位與鄉相同。

• 烏蘭布統的蒙古包

• 草原上的黑點其實是經過自動化機器割下，再以機器捆砸成立方體的牧草，一個體積大約有6立方公尺。

• 烏蘭布統大草原

• 烏蘭布統大草原

• 晨曦的草原上，悠閒啃食綠草的駿馬

• 第三軍馬訓練場

祭敖包

　　「祭敖包」又稱「腦包」、「鄂博」，是由人工堆積起來的石堆，都建在山頂或丘陵之上，形狀多圓錐體，從遠處看，好像座尖塔直入雲端。祭敖包原是辨別方向、指道路的標記，後逐步演變為祭祀山神、好神的地方。祭山、祭典、祭天、祭火，是蒙古傳統禮俗和制度的重要內容。

　　祭敖包是蒙古族古老文化的縮影，與此相關的一系列活動和體現了蒙古民族的創造力。祭敖包作為一種文化空間，包含許多蒙古族的傳統文化和習俗對研究游牧文化、蒙古民族發展史具有重要價值。

　　內蒙古各地都有敖包，人們外出遠行，凡是路經有敖包的地方都要下馬參拜，祈求平安。每年的農曆五月十三為祭日午夜時分，敖包四周香煙繚繞牧民們在敖包前長跪祈禱拜佛拜山神，給敖包敬獻精美的哈達和奶食品，喇嘛高頌佛經，從左向右圍繞敖包轉三圈後，牧民們才依次圍繞敖包把酒致祭祈求神靈保佑風調雨順，五畜興旺、平安吉祥。

9.8
DAY
19

前往內蒙古自治區

經棚鎮是克什克騰旗下赤峰市的行政中心，也是內蒙自治區往烏蘭布統大草原的起點。自東方莫斯科「哈爾濱」搭火車至經棚長達千餘公里，一路瀏覽大興安嶺、燕山山脈……一望無際綠色大草原，身心都獲得充足的解放；也因長途車程，當然十分接地氣與鄰座的乘客打招呼閒聊。

因為火車是前往內蒙自治區，所以有不少旅客是經濟相對較弱勢、但生性十分樸質的歸鄉農民工。萍水相逢大夥都會拿出隨身的零嘴、飲料──王老吉涼茶（中國廣東著名涼茶，於清朝道光年間由廣東鶴山人王澤邦所創）、哈爾濱紅腸……相互宴請交換，甚至於交換微信聯絡。

前文說過，近年來大陸的基礎建設如火如荼展開，各級政府無不卯足全力衝刺，在績效互為評比不輸人的氣勢下，各項建設無不是火紅、新穎、氣派、先進。然而今天到經棚站，下火車站，除了迎來清爽的空氣、蔚藍的天空外，竟然找不到盥洗設施？詢問站務員，他遙指20公尺外的一幢水泥建築說：那就是「衛生間」。趨近一瞧，天啊，建築物內竟是一條水泥構成的長溝，當然有好多好多的五穀雜糧的另一個態樣，噴出的味道太接地氣了……

只好忍忍忍！前往5.2公里外下塌的青旅，走了約莫2.5公里，赫然發現路邊有全新媲美五星級飯店自動沖水、無接觸式的衛生間，終於可以解放了！

交通路線：

● 哈爾濱→經棚／1059公里（綠皮火車）

• 內蒙古自治區經棚火車站

• 克什克騰旗的計程車顏色是綠底黃條

• 經棚鎮最重要街道──應昌路

9.9
DAY
20

內蒙古自治區烏蘭布統

搭下午14：00，每日唯一的一班公路客運自經棚鎮轉乘長途客運上蒙古高原「烏蘭布統」。沒想到還遇到修路而繞道，平時2小時的車程延長為4.5小時，18：30到時天色已暗。

烏蘭布統總面積5.45萬平方公里，比台灣面積3.5萬平方公里大60%，人口只有163.11萬，漢族約占總人口的96%，蒙古族約占總人口的3%。市政府駐集寧區。

這地方太大了，壯闊的冰蝕地形、石林、沙漠……大自然景觀極其豐富，彷彿有看不盡的景色變化。

自海拔1040公尺的經棚鎮盤旋上升500公尺到海拔1500公尺烏蘭布統，沿途映入眼簾都是綠草山坡，似乎逐漸有蒙古大草原的氛圍，高聳的風力發電機也沿著山路盤旋而上，有的基座甚至與行動中公交車擦身過，風力發電的葉片旋轉呼呼聲陣陣傳到耳際，可以感受到大自然的偉大與當地政府對於基礎建設的積極性！

交通路線：

● 經棚→烏蘭布統／124公里（長途客運／每日一班車／修路繞道約250公里）

- 羊頭大餐，整份68元

- 肚包肉（羊胃包羊肉）及切面，20元

- 烤雞架，5元

9.10

DAY
21

內蒙古自治區烏蘭布統

這天，擇定前往以拍攝電視劇聞名的「影視基地」（拍還珠格格等電視劇的地方，散步到基地最高點，可俯視萬馬奔騰的場景），再走去「第三軍馬訓練場」，如此，壯闊蒙古大草原重點應都淺嚐走過了。

一圈約12公里，一個人走雖獨行踽踽，但是身心舒暢自在、舒服極了。沿途有數十部紅色悍馬越野車呼嘯閃過，每輛車均載有3~4個包車的旅人。旅途包車遊覽當然可看得多、看得廣；然我一步一腳印的行旅，腳踏實地接地氣。自有不同面向的收穫。

中午返回住宿點，為了節減開銷，請住宿旅館老闆幫忙打電話與當地居民共乘計程包車2小時下山到「圍場」轉赴「承德」。

晚餐在一個高檔卻下不了手的餐廳「東坡飯庄」點一個炒飯，哪知道竟是該餐廳的招牌飯，一道四人份才20人民幣，份量大又好吃，還附餐後水果。真吃不完，只好打包外帶。

夜宿50元青旅，一房三床，但當天只有我一人，獨佔了房間內的衛浴、電視和冷氣，太幸運了！

交通路線：

- 內蒙自治區烏蘭布統→滿族蒙古自治縣圍場／101公里
  （計程車）
- 圍場→承德／138公里（綠皮火車）

- 承德市東坡飯莊

- 四人份的東坡炒飯，只要20元

9月11日至9月12日

河北：承德

皇家行宮：承德避暑山莊

　　清康熙十六年（1677年），康熙皇帝在南方平定了以吳三桂為首的「三藩之亂」以後，便把注意力轉向北方。清康熙二十年（1681年），清政府為加強對蒙古地方的管理，鞏固北部邊防，在距北京350多公里的蒙古草原建立了「木蘭圍場」。每年秋季，皇帝帶領王公大臣、八旗軍隊、乃至後宮妃嬪、皇族子孫等數萬人前往木蘭圍場行圍狩獵，以達到訓練軍隊、固邊守防之目的。為了解決皇帝沿途的吃、住，在北京至木蘭圍場間，相繼修建21座行宮，熱河行宮─「避暑山莊」，就是其中之一。

　　由於熱河行宮處於北京與木蘭圍場的中間地帶，地勢良好，氣候宜人，風景優美，又直達清王朝的發祥地北方，是清皇帝家鄉的門戶，還可俯視關內，外控蒙古各部，於是將這裡作為眾行宮之中樞，於清康熙四十二年（1703年）開始大規模修建。經康熙、雍正、乾隆三朝，至乾隆五十七年（公元1792年）最後一項工程竣工，歷時89年。

　　避暑山莊佔地564萬平方公尺（564公頃），是中國現存規模最大的古典皇家園林，1961年被大陸國務院公佈為全國重點文物保護單位。山莊內分為三區：西北為山岳區、東南為湖泊區、東北平原區，整體形貌宛如中華版圖。

　　山莊造園取法自然，120餘組建築掩映於山水草木之間，構成融南秀北雄於一體，集各處名勝於一園的壯美景觀。1994年，避暑山莊及周圍寺廟被聯合國教科文組織列入《世界文化遺產名錄》。

- 世界文化遺產——承德避暑山莊及其橫區

• 承德市於民國時期舊稱「熱河」，然而在1949年後，就只剩下避暑山莊內的「熱河石」留有這段歷史痕跡了。

• 承德山莊一景

• 「澹泊敬誠」橫匾下，清皇帝接見百官及外國使節的處所

9.11-12

DAY
22-23

承德

前夜在承德火車站旁的青旅落腳，隔日從旅店出發，步行約3公里就可到達承德避暑山莊。沿著「車站路」前行，路邊是早市、小食鋪，賣著北方常見的小吃──肉夾饃、涼皮等。

續行約500公尺即臨「武烈河」。「武烈河」水流清澈，綠油油水草不惶多讓於英國劍橋大學的劍河。越過河上的「新華路橋」，河堤左岸是「武烈路」，河堤右岸則是「普東路」，兩條路再向北行約2500公尺都可抵達承德避暑山莊。河堤兩岸植栽相當多的楊柳樹，綠樹成蔭，是退休人士晨起運動、健身、休憩的好地方。避暑山莊內真是人間仙境，不愧皇家園林，在其中倘佯漫步舒爽極了。

頂著秋老虎豔陽，閒逛山莊約4小時依然不覺得燥熱，悠悠然返回火車站旁的青旅。途中修剪頭髮，含洗、剪、洗、吹風等共人民幣30元（約新台幣129元），再品嘗個8元涼皮晚餐，結束愉快的避暑山莊探訪。

• 河北省承德火車站

• 傳統北方美食──油條與豆腐腦（鹹勾芡），一份5元

9月13日至9月15日

山東：濟南

吸引歷代名士來此一遊的濟南

大明湖

　　在山東省濟南市歷下區大明湖路北側，濟南舊城的北部，為濟南三大名勝之一的大明湖（另外兩處名勝為趵突泉、千佛山）。占地面積81萬平方公尺，湖水面積約46萬平方公尺，平均深度為3公尺。約占舊城面積的三分之一。

　　大明湖公園有郭沫若手書「大明湖」匾額，門首一副楹聯「四面荷花三面柳，一城山色半城湖」。湖最初以大明寺而得名，北魏酈道元編著的《水經注·濟水注》云：「濟水又東北，濼水入焉。水出歷城縣故城西南，泉源上奮，水涌若輪。其水北為大明湖，西即大明寺……」。金代文學家元好問在《濟南行記》中復稱「大明湖」，從此沿襲該名稱。

　　大明湖水源來自城區珍珠泉和王府池子附近的泉群，然後由北水門流入小清河，向東注入渤海。湖底為不透水的火成岩，泉水不易下泄，再加排水系統合理，便形成了「霪雨不漲、久旱不涸」的特點。曾鞏任齊州知州時，在大明湖建造亭台樓閣、修堤架橋，是為今日大明湖景區遊覽格局之濫觴。大明湖風景秀麗。如清代乾隆志書《歷城縣誌·山水考四》所載：「湖光浩渺，山色遙連，夏挹荷浪，春色揚煙，蕩舟其中，如游香國，簫鼓助其遠韻，固江北之獨勝也。」明湖泛舟為元、明時的「濟南八景」。馬可波羅在《中國遊記》中寫大明湖：「園林美麗，慎悅心目，山色湖光，應接不暇」。清朝劉鶚在《老殘遊記》中、及作家老舍在《濟南的冬天》中均寫到大明湖美景。

　　1955年，大明湖改建為公園。2003年獲評為4A級風景區。2007年10

月至2009年夏展開擴建改建工程，遷建山東省圖書館，新建8個景區，總面積由74公頃增至103.4公頃。小東湖、濟南護城河也和大明湖貫通，可乘坐遊船沿護城河遊覽，到達黑虎泉和趵突泉。大明湖公園門票免費，乃三大名勝中唯一一家。

• 濟南大明湖橫匾，郭沫若題字

• 大明湖入口，門首一副楹聯「四面荷花三面柳，一城山色半城湖」（清官人劉鳳誥）

• 毛澤東的〈採桑子・重陽〉[1]，刻在大明湖西南門正中影壁上。

1　人生易老天難老，歲歲重陽。今又重陽，戰地黃花分外香。
　　一年一度秋風勁，不似春光。勝似春光，廖廓江天萬里霜。

• 大明湖畔濟南戰役國軍臨時指揮部

• 大明湖畔一隅之景

• 大明湖畔「超然樓」

趵（音「豹」）突泉

　　天下第一泉風景區位於濟南市中心，由「一河（護城河）一湖（大明湖）三泉（趵突泉、黑虎泉、五龍潭三大泉群）四園（趵突泉公園、環城公園、五龍潭公園、大明湖風景名勝區）」組成。景區以「天下第一泉」趵突泉為核心，泉流成河、再匯成湖，並與明府古城相依。

　　南依泰山北麓的秀麗群山疊嶺，北臨滔滔東流的黃河。茂密的山林涵養了豐沛的水源。在市中心湧出四大泉群，以趵突泉為首的七十二名泉，以「家家泉水，戶戶垂楊」而名聞天下。泉水匯成了大明湖，發源為長達六七百里的小清河。

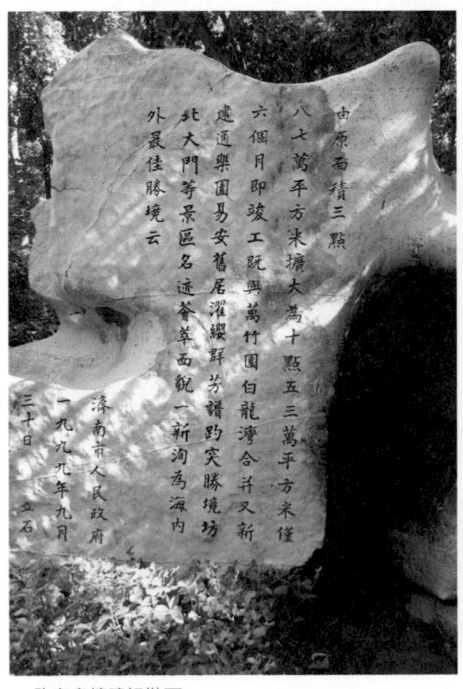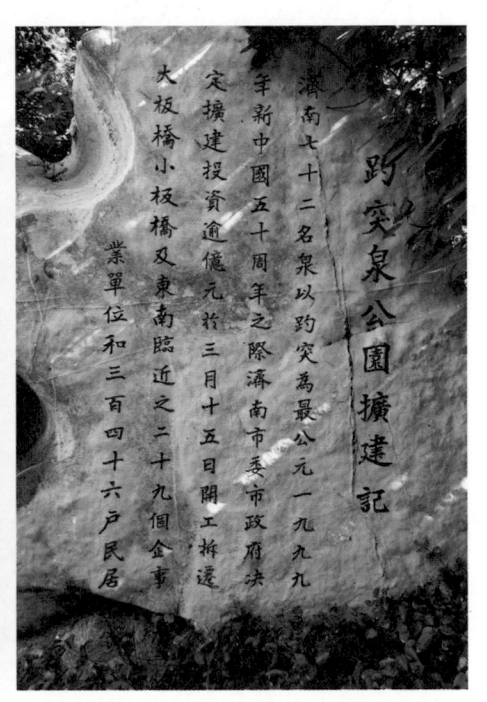

• 趵突泉擴建記勒石

• 趵突泉入口牌坊

• 趵突泉，具有雙湧泉口

濟南慘案

　　1928年春，蔡公時擔任國民革命軍總司令部戰地政務委員兼外交處主任。同年4、5月間，蔣中正率北伐軍進入山東時，日軍以保護僑民為由橫加阻撓，蔡公時奉命赴濟南與日方交涉。然而日本軍隊於5月3日強行進入交涉公署。蔡公時為維護民族正義慷慨陳辭，用日語斥責日本軍人之暴行，被日軍割去耳鼻，挖去雙眼舌頭，最終將蔡公時及隨從17位外交人員殺害。史稱「濟南慘案」或「五三慘案」。

• 五三濟南慘案紀念堂　　　　　　　　　• 先烈蔡公時銅像

登泰山而小天下

泰山，是中國五嶽之首，古
名岱山，又稱岱宗、天孫，位於
山東省中部，泰安市境內，矗立
在魯中群山間；主峰玉皇頂，海
拔1532.7公尺。泰山是大陸第一
批國家級風景名勝區之一，1987
年獲聯合國教科文組織公布為世
界文化與自然雙重遺產，且符
合世界遺產10種評定標準中的7
種，和澳洲的塔斯曼尼亞荒野並
列為符合最多標準的世界遺產。

泰山位於濟南、長清、肥
城、泰安之間。其南麓始於泰安
城，北麓止於濟南市，方圓426
平方公里。

• 泰山火車站

相傳遠古時代就有72位首領來此巡狩祭祀。自秦以來，中國古代有12
位帝王來此封禪朝拜。第一個在此舉行大規模封禪儀式的是秦始皇，留下五
大夫的傳說；一說漢武帝八登泰山，驚嘆「高矣！極矣！大矣！特矣！壯
矣！赫矣！駭矣！惑矣！」。在泰山封禪祭祀成為中國歷史上一種極其隆重
的曠世大典。

「封」是祭天，在泰山極頂聚土築圓壇祭天帝，增泰山之高以表功於天；
「禪」是禮地，在山下小山丘積土築方台壇祭地神，增大地之厚以報福廣恩厚
之情。圓壇方台表示天圓地方。一代帝王若「封天禪地」登封泰山即視為天下

太平、國家興旺的標誌。而皇帝本人也就成為名副其實的真龍天子。

　　「封天禪地」過程中會用金泥在玉冊上寫對天祝禱文，並封於玉櫃再埋藏在泰山腳不顯眼以防被盜掘。玉冊，是用美玉模仿古代書寫用的竹簡製作的玉質簡冊。歷代帝王封禪所用玉冊，目前僅有唐玄宗、宋真宗禪地玉冊存世[1]，其中宋冊係真玉琢製並有完整全套嵌片。

• 泰山火車站前勒石亦成為大陸人民幣5元的「五嶽獨尊」圖樣。

---

[1]　目前典藏於台北故宮博物院，宋真宗禪地玉冊展於台北故宮三樓玉器展間。

• 泰山東嶽廟

• 泰山山頂之巔「南天門」即為登臨泰山頂，南天門古稱「天門關」，為泰山標誌性建築。

• 登東嶽泰山陡直的石階

世界文化遺產：曲阜三孔石碑

孔廟

　　其規模之宏大、年代之久遠、保存之完整，被建築學家「梁思成」（梁啟超子）稱為世界建築史上的「孤例」。現為世界文化遺產、大陸重點文物保護單位，與「北京故宮」、「承德避暑山莊」並列為中國「三大古建築群」。

　　孔廟歷經多次修建，元、明兩代，孔廟重修重建更達數十次之多。其中最重要的一次是明孝宗弘治十二年（1499年）。當時孔廟遭到雷擊，大成殿等120餘楹建築化為灰燼。該次重修，總共歷時五年，耗銀15萬兩。

　　清代對孔廟的修建達14次。清世宗雍正二年（1724年），孔廟又毀於雷電火。「發帑金令大臣等督工監修，凡殿廡制度規模，以及祭器儀物，皆令繪圖呈覽，親為指授。」調集12個府、州、縣令督修，總共用時六年方才完成。綜計百餘年來，孔廟經歷多次修繕，終於達到今日「九進庭院」的宏大規模。

孔府

　　即「衍聖公府」，是孔子嫡系長子長孫居住的府地，規模宏大，佔地240畝。前為官衙，後為內宅，是我國封建社會中典型的衙宅合一的建築。最後一個殿堂是祭奉孔子夫人的牌位。

孔林

　　亦稱「至聖林」，是孔子及其家族的專用墓地，也是世界上延續時間最長的家族墓地，林牆周長7千公尺，內有古樹2萬多株，是一處古老的人造園林。孔子死後，他的弟子從全國各地帶來奇花異木來此種植。此後，隨其地位的逐步提高，其規模也越來越大，明永樂年間擴大為十八頃。清康熙時期擴大到三千畝，現孔林內有樹木十萬多株，成為中國最大的人工園林。孔林不僅容納了孔夫子的墳墓，而且他的後裔中，有超過10萬人也葬在這裏。當初小小的孔宅如今已經擴建成一個龐大顯赫的府邸，整個宅院包括了152座殿堂。

• 「三孔」座落地點──濟南曲阜　　• 孔廟入口橫匾

- 孔廟大成門

- 「孔廟魯壁」為孔子故居的牆壁。秦始皇「焚書坑儒」時，孔子九代孫孔鮒藏書於牆內。漢武帝時魯恭王拆除孔子故居時，發現《論語》、《孝經》等古文竹簡。明代為紀念其保存儒家經典而刻立石碑。

- 孔府局部一景

- 「孔林」不僅容納了孔夫子的墳墓，而且他的後裔中有超過10萬人也葬在此

9.13
DAY 24

前往北京、山東

自承德往濟南的火車中轉北京5小時，下午從承德出發到北京已深夜04:00。在北京109個火車站、八大火車站中，就屬此一正「北京站」最為古色古香。內裝挑高，車站平面呈矩形，建築面積約3,500平方公尺。有著超過一百年歷史的這座「前門火車站」，其實是由英國人設計修建而成，融合了西洋式建築風格及中國文化元素如雲龍雕飾等。車站兩側高達七層樓的鐘樓非常搶眼，如今已成為北京這座老火車站的標誌，無怪乎被列為大陸重點保護文物。

諾大的火車站廣場，深夜中有不少人就地躺平，猜想是像我一樣待轉車的旅人，廣場的高台上有持槍荷彈的武警站崗監控公安，人安、物安，鐵定無虞。

交通路線：

- 承德→北京／225公里（綠皮火車）
- 北京→濟南／426公里（綠皮火車）

- 深夜中古色古香的北京站

- 綠皮火車上的飯盒，20元

9.14
DAY
25

濟南

09：30~14：30登東嶽泰山總共花了5小時，原本規劃搭乘索道，希望減少二分之一的路程。沒想到索道檢修中，只好一步步從「中天門」直上「南天門」，背負著將近20公斤的行李，真的很累！

濟南市，既是山東省的省會，又是一座歷史文化名城。在人群的古文化以「龍山鎮」四千年前的龍山文化成為學術界的典型而馳名世界。上古東夷領袖「舜」就曾在歷山耕作，齊、魯之間魯國是儒家發祥地，齊國是百家爭鳴的重鎮，齊魯文化的交匯，使濟南形成有了魯國的仁德和齊國的才華相結合大都市。

戰國的陰陽五行學派大師「鄒衍」的墳墓就在章丘，名醫「扁鵲」的故里也是在濟南。漢代安撫南粵的政治家終軍為濟南人，唐代名相房玄齡與名將秦叔寶、段誌等人也都出身濟南，還有佛教大師「義淨」誕生於濟南長清，曾遠渡重洋赴印度取經，並主持翻譯了四百多卷佛經，與「法顯」、「玄奘」並三大中印交流使者。濟南歷代名人輩出，如宋代的李清照、辛棄疾；元代的張養浩、張起岩；明代的李攀龍、李開先；清代的周永年、馬國翰等都在文學和學術領域做出了傑出貢獻，杜甫詩中「濟南名士多」的名句絕非虛言。

交通路線：

● 濟南→泰山／94公里（公交車）

• 濟南火車站

• 濟南炒麵，將右圖的乾麵條熱水燙過後加雞蛋和蔬菜熱炒，一份15元

9.15
DAY
26

濟南

「三孔」的建議參觀路徑，是自孔廟→（500公尺）→孔府→（3.5公里）→孔林，依序遊覽最為省時省力。若是能一大清早去孔廟最好。2000餘年的參天古木釋放清新的空氣，綿密的綠蔭不會感受到秋天的豔陽。倘佯期間，會讓人忘了今夕是何年。特別令我訝異的是孔府最後一間祠堂，竟然祭拜的是孔夫人的牌位。

孔府至孔林其間並無公交車大眾運輸工具，且植栽綠樹不多，徒步前往在大太陽下曝曬有些辛苦。若不打滴搭計程車，健行的話建議要備好飲水、穿長袖、戴帽等。

孔府到孔林沿路，家家戶戶竟然有門牌號，就像台灣戶戶有門牌號一樣，出行大陸26天以來，第一次看到門牌號十分訝異。然後到「孔林」前面大道兩側都是食鋪，看見有四位大叔在喝白酒、伴著下酒菜擺龍門陣。因為走了快一小時厭了、煩了、倦了，就問大叔們還多久抵目的地，未料到大叔們展現山東人的豪邁，就拉我一起喝白酒席，吃燒烤！最後遊罷「孔林」飢腸轆轆找個水餃店鋪祭五臟廟，水餃鋪裡有好多好多食客。在等待店東來時與鄰桌食客閒聊，隨興中我隨意朗誦了毛潤之的〈沁園春・雪〉、蘇東坡〈沁園春・孤館燈清〉，最後在眾人吆喝下大家請我兩大盤牛肉、豬肉水餃。

• 鴨腸夾饃，7元

• 曲阜路上有復刻孔子周遊列國的交通工具

• 牛肉水餃與豬肉水餃，一首古詞結
緣，路人宴請，無價！

9月16日至9月21日

江蘇：南京、蘇州

多朝古都：南京

國父最後的安眠處──南京中山陵

　　中華民國國父暨中國民主革命先行者孫中山先生的陵墓，位於中國大陸江蘇省南京市玄武區紫金山南麓，東鄰靈谷寺、西毗明孝陵。孫中山於1925年3月在北平市逝世後，國民政府和中國國民黨遵照他的遺願，在南京為其修建陵墓。中山陵1926年1月開始興建，1929年春建成祭堂等主要建築，當年6月1日孫中山入葬，陵墓全部工程至1931年才告完成。

• 登中山陵步道

• 中山陵入墓室口，寫著孫中山的主要思想：民權、民生、民族

平民皇帝朱元璋的陵墓——明孝陵

　　明代開國皇帝朱元璋和皇后馬氏的合葬陵墓。因皇后諡「孝慈」，故名孝陵。作為大陸明陵之首的明孝陵壯觀宏偉，代表了明初建築和石刻藝術的最高成就，影響了明清兩代500多年帝王陵寢的形制。

　　依歷史進程分佈於北京、湖北、遼寧、河北等地的明清皇家陵寢，均按南京明孝陵的規制和模式營建。坐落在南京紫金山獨龍阜玩珠峰下，東毗中山陵，南臨梅花山。

　　孝陵是南京最大的帝王陵墓，也是中國古代最大的帝王陵寢之一。2003年7月，聯合國教科文組織世界遺產委員會第27屆會議，入選世界文化遺產。其周邊的常遇春墓、仇成墓、吳良墓、吳禎墓、徐達墓及李文忠墓6座功臣墓也同時被劃入世界遺產保護範圍。

• 明孝陵博物館

• 明孝陵巍峨城牆

• 中間石頭嵌刻的字：「此山明太祖之墓」

• 墓室內展示明太祖朱元璋座像

• 明太祖朱元璋配偶馬皇后

南京總統府

位於今南京市長江路292號（原南京市林森路），是「明朝漢王府」、「清朝兩江總督署」和「太平天國天王府」遺址。

1912年為中華民國臨時大總統府，國父孫中山在此宣誓就職中華民國臨時大總統。1927年至1937年及1945年至1948年間為國民政府的辦公地，1948年5月至1949年4月為中華民國總統府。

中華人民共和國成立後成為江蘇省人民政府等單位機關辦公地。1982年以太平天國天王府遺址名義成為大陸重點保護文物單位，2003年3月改設南京中國近代史遺址博物館，2004年被評為大陸AAAA級旅遊景區。

• 中華民國於大陸時期總統府，位南京市長江路292號

• 中華民國37年5月20日，總統副總統就職紀念照

• 南京總統辦公室一隅（蔣中正總統辦公室）

• 南京副總統辦公室一隅（李宗仁副總統辦公室）

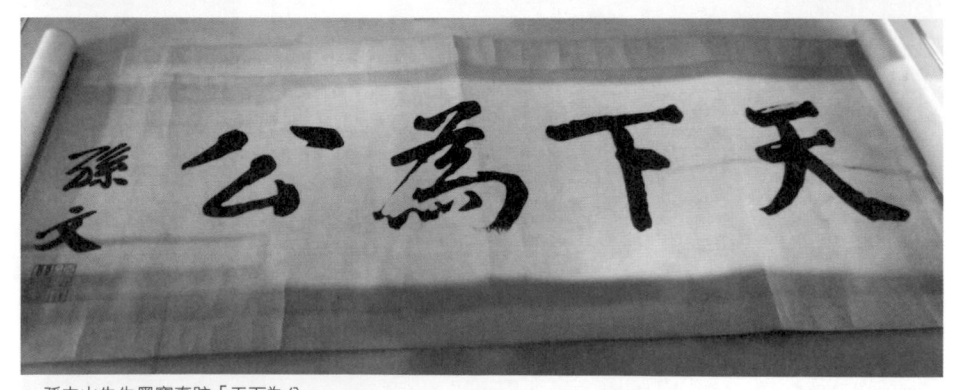

• 孫中山先生墨寶真跡「天下為公」

• 1912年孫中山擔任臨時大總統時的辦公室

• 南京市總統府旁，太平天國天王洪秀全書房

• 洪秀全天王寶座

侵華日軍南京大屠殺遇難同胞紀念館

　　又稱江東門紀念館，是南京市人民政府為悼念侵華日軍南京大屠殺遇難者而設立的遺址型專門史博物館。

　　館址位於南京城西南江東門，是當年日軍大屠殺的一處主要地點和遇難者叢葬地。紀念館於1985年落成開放，經過1995年、2005年兩次擴建，現占地約7.4萬平方公尺、建築面積2.5萬平方公尺、展陳面積9800平方公尺，包括展覽集會、遺址悼念、和平公園和館藏交流等4個區域，其中展覽陳列包括「廣場陳列」、「遺骨陳列」和「史料陳列」三部分。館藏收集了10000多份歷史資料和文物。

• 南京市殉難同胞慰靈紀念人形雕像

• 南京市30萬殉難同胞

上有天堂，下有蘇杭

中國古典園林的代表作──拙政園

　　蘇州拙政園，位於江蘇省蘇州市東北街178號，始建於明正德四年（1509年），是明代御史王獻臣棄官回鄉後，在唐代陸龜蒙宅地和元代大弘寺舊址處拓建而成。園名取自晉代文學家潘岳《閒居賦》中「築室種樹，逍遙自得……灌園鬻蔬，以供朝夕之膳，……此亦拙者之為政也」句意，表達了王獻臣退隱田園、追求閒適生活的願望。

　　拙政園佔地面積78畝（52,000平方公尺），全園分東、中、西三部分。中部為拙政園精華所在，以水為主，池水面積占1/3，池廣樹茂，景色自然，臨水布置了形體不一、高低錯落的建築，主次分明。主要建築有遠香堂、聽雨軒、小滄浪水閣、待霜亭、倚玉軒等。其建築風格以明代建築為主，兼有清代建築特色。園內建築佈局精巧，疏密有致，與自然景觀巧妙融合，形成了獨特的江南園林風貌。

• 蘇州拙政園入口

　　拙政園在歷史上曾多次易主，經歷了明、清、民國等不同時期，也留下了許多文人墨客的題詠。清代乾隆皇帝曾六下江南，每次都會到拙政園遊覽，並留下許多詩篇。它不僅是中國古典園林的代表作，也是世界文化遺產。它以其精美的建築、秀麗的景色和豐富的人文內涵，吸引著來自世界各地的遊客。

● 拙政園一景

貝聿銘親手打造的蘇州博物館

於1960年元旦成立，其館址太平天國「忠王」府是首批中國重點文物保護單位，亦是中國內保存至今最完整的一組太平天國歷史建築物。

1999年蘇州市委、市政府邀請享譽世界的華人建築師貝聿銘設計「蘇州博物館新館」，此館的設計結合了傳統的蘇州建築風格，將博物館置於院落之間，令建築物和周圍的環境相互協調，與毗鄰的「拙政園」、「獅子林」等園林名勝構成了一條豐富多彩的文化長廊。「蘇州博物館」該字體據稱由與同書寫「故宮博物院」的「郭沫若」先生撰寫。整個建築群幾乎全採用自然光線採光，沒有投射燈光。

• 蘇州博物館大門側牆，具黑瓦白牆蘇州地區建築特色

　　當日我有幸由蘇博導覽志工語音講解，很快進入狀況，園區內一竹、一磚、一瓦都有其設計意義。

　　該導覽志工特別介紹該博物館的兩個館藏鎮館之寶：「千年佛教鑲珠寶雕刻」、「秘色瓷」……聽著説明，我慨嘆、愧色油然升起。在台北的故宮，「秘色瓷」絕非獨一、更非國寶，至於鎮館之寶，那距離又更遠了。蘇州博物館應是以其本身建築物馳名，至於館藏品可預期將來會愈漸豐碩。

　　蘇博方面知道我來自台北故宮的志工，因此特別保留一席語音收聽機給未事先預約的我。同時，亦在導覽中，對其館藏複製品的原件在台北故宮，多方表示羨慕及包容，我必須誠摯的説聲謝謝。

• 蘇州博物館出入口，假山、水、植物，融為一景

• 蘇州博物館隔壁即是太平天國「忠王」府

• 採自然光設計的建築內部　　　　　• 太平天國「忠王」李秀成鑄像

姑蘇城外寒山寺，夜半鐘聲到客船

　　蘇州寒山寺，位於江蘇省蘇州市姑蘇區楓橋鎮，始建於南朝梁武帝天監年間（502年-519年），初名「妙利普明塔院」。唐貞觀年間，高僧寒山、拾得在此隱居，遂改名「寒山寺」。

　　寒山寺也因唐代詩人張繼的《楓橋夜泊》而聞名遐邇。詩中「姑蘇城外寒山寺，夜半鐘聲到客船」一句，更是千古名句，使寒山寺名揚天下。寒山寺佔地面積約1.3萬平方公尺，建築面積三千四百餘平方公尺。寺內古跡甚多，有張繼詩的石刻碑文，寒山、拾得的石刻像，文徵明、唐寅所書碑文殘片等。

• 寒山寺主樓

• 新造的108噸銅鐘，置於鐘樓內部

蘇州大學？東吳大學？

　　台灣東吳大學的英文名稱為Soochow University（蘇州大學），是由於其前身是位於中國蘇州的東吳大學。1900年，美國基督教監理會在蘇州創辦了東吳大學堂，英文名稱為Central University in China。1908年，東吳大學在美國田納西州註冊，英文名稱改為Soochow University。

　　1950年，東吳大學在台灣復校，沿用了原有的英文名稱Soochow University。蘇州古屬「東吳」地，因此Soochow University也含有「東吳大學」之意。

• 蘇州大學總校區正大門

• 東吳大學台北外雙溪校本部大門

水道並行、河街相鄰的平江路

　　蘇州平江路是一條歷史悠久的街道，位於中國江蘇省蘇州市姑蘇區。它始建於公元前514年，春秋戰國時期吳國伍子胥建闔閭大城時，是蘇州古城現存最完整的一條歷史街區，也是蘇州歷史文化的縮影。它曾多次出現在影視作品中，如《霸王別姬》、《臥虎藏龍》、《情深深雨濛濛》等。

　　平江路全長約1.6公里，沿河而建，河上有眾多橋樑，將街道分為兩岸，「平江路」、「平江河」水路並行。兩岸的建築多為明清時期的古建築，小橋流水，古樸典雅，是典型的江南水鄉風貌，晚上打燈光後更是另一個璀璨世界。無愧「上有天堂、下有蘇杭」美譽。

• 蘇州「平江路」入口

• 水路並行的「平江路」與「平江河」

9.16
DAY
27

前往南京、蘇州

經過一夜的折騰，終於在薄霧的清晨從濟南來到號稱石頭城的南京。在晨曦月亮仍高掛下出南京站，映入眼簾是與莫愁湖齊名的玄武湖。秋高氣爽、薄霧罩著站前的玄武湖煞是有一番朦朧悠悠的美。

9月16日，南京微雨，等候首班公交車到鍾山風景名勝區，約莫30分鐘車程來到中山陵站，頂著沁涼的早晨微風細雨，經過南京農業大學後，漫步到海拔約160公尺的中山陵。石階計有392級，代表當時3.92億同胞。

出中山陵園區後後，午餐在半山腰店家簡單吃雲吞麵、肉絲麵。餐畢，再次信步向下到音樂廳。半圓形露天階梯式的音樂廳，遍布代表和平不畏生人到處飛舞的鴿子等待參觀者餵食。

最後到明太祖朱元璋、馬皇后的孝陵。壯觀宏偉，開啟明、清兩朝，以致民國孫中山先生陵墓態樣的先河。

晚餐品嘗金陵蟹黃湯包、灌湯包、雪菜肉絲麵、南京六皇都鴨血粉絲等美食，慰勞自己終於抵達民國的首都南京市。

歇息後，到秦淮河畔欣賞夜景。杜牧的《泊秦淮》一文描述的真好，「煙籠寒水月籠沙，夜泊秦淮近酒家。商女不知亡國恨，隔江猶唱後庭花。」

• 晨曦中的南京火車站

• 南京火車站前晨霧瀰漫的玄武湖。一出南京火車站，就看見歷史名湖──莫愁胡，與玄武湖並稱南京二大名湖。

• 秦淮河畔，夜夜笙歌

9.17
DAY
28

南京

歷史是不停地向前滾，而贏家才能詮釋歷史正確性。

翻開歷史，南京（健康、建業、天京）是著名的六朝古都，事實上國民政府、太平天國、東吳、宋、齊、梁、陳、南、唐、明初等都曾定都此地，然國祚都是短命，主要因素在南京「強於經濟、弱於軍事」。孫中山先生曾放眼亞洲，擇新疆「伊犁」首都，若守成中國，擇「西安」為首選。亦曾主張一都四京，一都即武漢，四京即西京重慶、東京江寧（南京）、南京廣州、北京順天府（北京）。不過，當時袁世凱勢力盤據北京，為避開舊勢力紛擾復僻，最後不得不捨棄北平，而選擇定都南京。唉，成王敗寇，歷史終歸歷史。

來到南京屠殺紀念館，踩在強化玻璃板步道下方盡是怵目驚心受難者遺骸。日本人不承認有該大屠殺慘案，輕描淡寫稱到中國大陸也僅是「進出」，官方迄今仍不致歉，真的很難說得過去……

• 雪菜肉絲麵，18元

• 金陵蟹黃湯包（左）、金陵灌湯包（右）

9.18

DAY
29

前往蘇州

一樣的是選擇搭夜車，清晨04:00抵達蘇州。

9月初，初秋晨曦的微風送爽，身心都感覺十分清新。從蘇州火車站到蘇州博物館3.6公里。頂著收斂的星月，漫步蘇州路，挺進人民路轉西北街，沿途都是白牆黑瓦代表江南蘇州平頂式的建築，步行約50分鐘來到蘇州博物館。門房告知今天是週一博物館公休！哎呀呀，身為博物館人的我，怎麼如此糊塗竟然忘了週一博物館閉館是全世界的通例。眼看時間還早，轉身往3分鐘步程外的西北街吃早餐去。

第一眼，看到西北街角第一間麵館07:00已營業，進門去左邊是收銀櫃臺、長條型用餐區的右邊擺放4、5張桌椅。隨意選第一張桌坐下，桌的另一頭隔著透明玻璃是開放式的廚房，內裡清潔衛生、乾淨俐落；抬頭看「百年美食：楓鎮大麵」[1]幾個字矗立眼前。好吧，就點這道楓鎮大麵品嘗看看……果然好吃極了。真的不愧央視《舌尖上的中國》影集有推介。接下來留停蘇州三天中，又來品嘗蘇式湯麵、淋上不同澆頭的豬肝麵及鱔魚麵等。

早餐後，想想既然博物館閉館，就逛逛江南四大名園之一的拙政園。入園後，在亭臺歇息時我與三位來自廣東退休的解放軍閒聊，正巧10:00遇施放紀念918空襲警報[2]，撫今追昔感慨萬千。

交通路線：

● 南京北站→蘇州站／230公里（綠皮火車）

• 楓鎮大麵

• 鱔魚麵

◆**註釋**

1　楓鎮大麵，江蘇楓鎮特色名點，被譽為蘇州「最難做、最精細、最鮮美」的大麵。製作步驟繁複，加作料放到鍋中燜四個半鐘頭才能起鍋。我去的「裕興記」是乾隆年間到現在近的老總店，位於蘇州博物館的西北街，若到蘇州一遊的朋友，一定要來此品嘗。

2　1931年9月18日在中國東北發生的日本侵略戰爭，日本攻擊中國東北瀋陽兵工廠，佔領北大營，引燃中國國民革命軍東北邊防軍被迫與日本關東軍交戰。

9.19
DAY
30
蘇州

蘇州博物館位於江蘇省蘇州市姑蘇區東北街，成立於1960年元旦。

館址分兩部分，西部新館由著名建築師貝聿銘設計，於2006年建成開放。貝聿銘是旅美華裔建築師，台中東海大學路思義教堂（The Luce Chapel）、法國羅浮宮新館都是貝氏設計的。他設計蘇州博物館的一大特色，就是將自然融入建築設計之中。所以蘇州博物館都遍布著綠化物，感覺寫意又舒適。

館址東部舊館是太平天國忠王府舊址。忠王指李秀成，他是太平天國領袖中最足智多謀者。指揮常勝軍與太平軍作戰的英國人戈登稱李秀成是「叛軍最勇敢、最有才能的……值得惋惜的叛軍領袖」；李鴻章也曾提到忠王「最多狡謀」；而梁啟超則謂「李鴻章與李秀成，二李，皆近世之人豪也……秀成之用兵、之政治、之外交，皆不讓李鴻章」。歷史上成王敗寇，此一例證。

* 大麵+炸蛋，一碗18元

* 手工囊餅，一個6元

9.20

DAY
31

蘇州

9月20日，來到中國大陸自助行整整一個月。

前文提及9月7日我曾造訪前行政院孫運璿院長母校哈爾濱工業大學，在那認識了一位知曉孫院長行跡的博士生，正巧是日晚他來蘇州找未婚妻，我們三人就在古鎮平江路的星巴克咖啡暢言人生。經他推薦，我們開車夜訪蘇州新地標──東方之門。此門是位於蘇州金雞湖畔的一座302公尺高的住商混合摩天大樓。這座摩天大樓有著獨特的構造：整個樓基礎是雙子塔結構，但在頂部雙塔合二為一，構成一扇拱門的形狀。它擁有「世界第一門」、「中國結構最複雜的超高層建築」、「中國單位用鋼量最大的建築」以及「中國最高的園林」、「中國最深的私家酒窖」、「中國最高的過街天河」、「中國最高無邊際泳池」等紀錄。訪蘇州若住在平江路古鎮，可以在蘇州大學門口「相門橋站」上車，往寒山寺的反方向即可到「東方之門站」。

• 蘇州住商合一的「東方之門」

9.21
DAY 32 蘇州

蘇州大學是中國第一所民辦大學。距「平江路」古鎮區約100公尺。地鐵一號線「相門站」下車即是「蘇州大學」（到「寒山寺」需搭地鐵一號線「西環路站」下車再步行約15分鐘可達）。

蘇州大學校門口有護城河，須經過「開泰橋」才得入總校區。學校共有三個校區，互相毗鄰非常近，是江蘇省省屬重點綜合性大學、「211工程」大陸全國重點建設大學和首批「2011計劃」領頭羊高校，其前身稱東吳大學。以法律系著稱於大陸。過去法律人曾戲稱有「北朝陽（大學）、南東吳（大學）」順口溜。

蘇州大學在臺北市復校後稱東吳大學。現有「外雙溪校區（校本部）」與「城中校區」。因會計、法律兩系所復系較早，畢業者眾，表現較為突出。

- 江南梅花糕（左）與韭菜大包（右）

- 羊肚火鍋，一份60元

9月22日至9月27日

江西：南昌、景德鎮

長江中游的歷史文化名城：南昌

　　南昌市是江西省的省會，位於江西省北部，鄱陽湖平原腹地。南昌市是江西省的政治、經濟、文化、科技中心，是長江中游地區重要的中心城市，也是鄱陽湖生態經濟區的中心城市。

　　近年來南昌市的經濟發展迅速，是中國重要的製造業基地，工業以航空航天、電子信息、汽車製造等為主。除此之外，南昌市的文化底蘊深厚，有眾多歷史文化景點，著名景點有滕王閣、秋水廣場、八大山人博物館、江西省博物館等。

「八一建軍節」的由來

　　「歷史」是由「贏家」詮釋與定義的。

　　1927年8月1日凌晨2時，以周恩來為首的前敵委員會和賀龍、葉挺、朱德、劉伯承等統領下的原國民革命軍（原義勇軍）士兵2萬餘人，為了對抗蔣介石的南京國民政府對中國共產黨實行的剿共鎮壓政策，在江西省省會南昌武裝暴動，從而正式建立了由中國共產黨領導的武裝部隊。此事件共產黨稱為「南昌起義」或國民黨稱「南昌暴動」。

　　此一戰役，國民黨戰死約三千餘人。後來由國民黨調集靖綏部隊圍捕，共黨轉進汕頭等地；但亦奠定共產黨有能力以正式武裝力量對抗當時中央政府。

　　1933年6月30日，中國共產黨中央革命軍事委員會決定：每年8月1日為中國工農紅軍紀念日。同年7月11日，中華蘇維埃共和國臨時中央政府批准了這個決定。從此，「八‧一」成了共產黨領導下的軍隊的建軍紀念日，並且一直沿革到現今的大陸人民解放軍，成為解放軍的建軍紀念日。

- 八一廣場前的八一大道寬60公尺，不含人行步道計有10線車道，且為單行道設計，僅次於北京的長安大道，為大陸最寬的單行道。

- 南昌八一大橋

- 遼闊贛江中間的沙洲

- 當時共產黨武裝暴動的地點——江西大旅社，現在已改建為南昌八一起義紀念館

• 南昌市八一起義紀念館

• 江西大旅社中庭

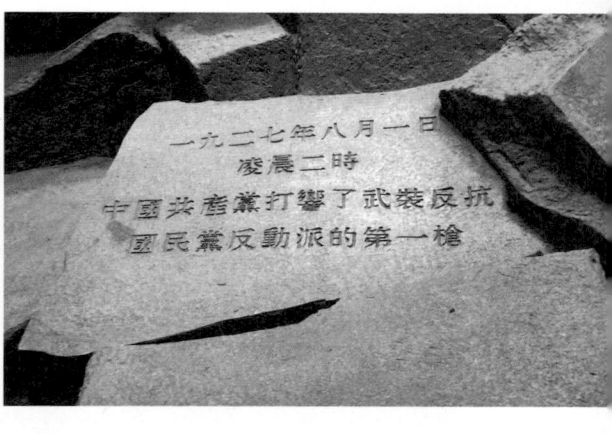

一九二七年八月一日
凌晨二時
中國共產黨打響了武裝反抗
國民黨反動派的第一槍

- 八一起義紀念館復刻1927年8月1日凌晨起義的場景

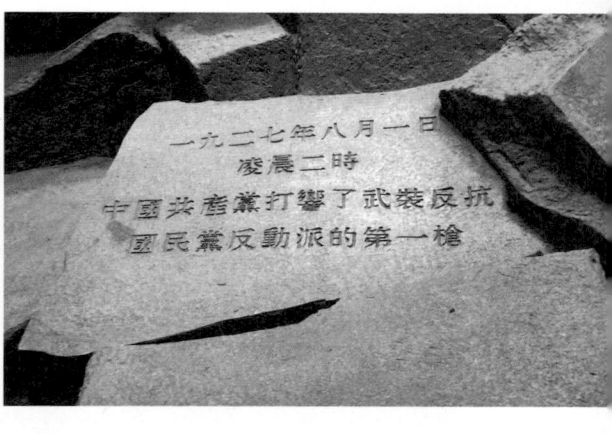

- 南昌市夜景，從住宿的不二青年旅舍（位於地鐵「紅谷中大道站」）頂樓拍攝

瓷器之都：景德鎮

　　景德鎮御窯廠位於中國江西省景德鎮市珠山區，是明清兩代專門為皇室燒製瓷器的官窯。景德鎮御窯廠始建於明洪武二年（1369年），延續至清宣統三年（1911年），前後歷經542年，是中國延續時間最長、規模最大、品類最多、工藝最精的官窯。

　　景德鎮御窯廠的瓷器製作工藝精湛，品種繁多，造型優美，紋飾精緻，是中國陶瓷藝術的最高代表。景德鎮御窯廠生產的瓷器，不僅供皇室使用，也大量出口海外，成為中國陶瓷文化的重要傳播者。

* 景德鎮御窯廠大門

• 景德鎮御窯修復中古遺址

• 景德鎮廣袤開闊的御窯遺址

• 清乾隆皇帝時的督陶官──唐英[1]

• 景德鎮造型現代的御窯廠博物館

---

[1] 唐英，字俊公，號蝸寄居士，內務府漢軍正白旗人，清朝雍正和乾隆時期內務府員外郎，供職於養心殿造辦處，為江西景德鎮御窯廠的督陶官，以其對瓷器製作的卓越貢獻而聞名。唐英在任時期的景德鎮御瓷製品，世稱「唐窯」，是中國歷代瓷器中之珍品。

龍珠閣

　　景德鎮龍珠閣位於中國江西省景德鎮市珠山區，是景德鎮的標誌性建築之一。龍珠閣始建於唐代，初名聚珠亭，宋代改名中立亭，明代改名朝天閣，清代改名文昌閣，1990年重建後改名龍珠閣。

　　龍珠閣是一座六層的樓閣，高約30公尺，建築面積約1,000平方公尺。龍珠閣的建築風格融合了明清兩代的建築特色，氣勢雄偉，造型優美。

　　龍珠閣是景德鎮御窯廠的所在地。明清兩代，景德鎮御窯廠是專門為皇室燒製瓷器的官窯，生產了大量精美的瓷器。龍珠閣作為御窯廠的標誌性建築，也見證了景德鎮陶瓷歷史的發展。

• 景德鎮龍珠閣

9.22-24
DAY
33-35

前往南昌

接下來旅程原本想去上海走走看看，惟到南京後，一種精神上神秘的召喚加上中國陶瓷故鄉在江西景德鎮，念頭一轉，行程方向轉頭改赴內陸江西。首站江西南昌；一提到南昌，直覺反應聯想高中教科書提及的典故及事件──南昌暴動／南昌起義、蔣經國曾任江西贛南專員、江西廬山會議／軍官訓練團、陶瓷景德鎮等。哪料到，人到江西才知道江西有相當多景點值得探訪：武功山、景德鎮／樂平、上饒、婺源、廬山、鄱陽湖、南昌勝王閣、八大山人紀念館、江西旅社、八一廣場、八一大道、八一大橋等，甚多好玩、且具歷史意義的地方。

「秋水廣場／水舞」位於江西省南昌市紅谷灘新區贛江之濱，於2004年元，迄今20年。與「勝王閣」隔江相望，再現了千古名篇《勝王閣序》中的「落霞與孤鶩齊飛，秋水共長天一色」的意境，秋水廣場正是由此得名。

秋水廣場的音樂噴泉，是亞洲次於新加坡第二大的音樂噴泉群。每天有19:50、20:45兩場（以當天公告為準），每場大概20分鐘，最高的水柱能達到100多公尺，很是壯觀。秋水廣場倚贛江而立，江岸線長1,100公尺，江面最寬處為110公尺。

交通路線：

● 蘇州→南昌／698公里（綠皮火車）

・ 南昌火車站

・ 南昌市秋水廣場著名的水舞景色

9.25-26

DAY

36-37

前往江西景德鎮

再次搭上綠皮火車，從南昌出發經過樂平市，中午豔陽時刻終於來到傳說中的陶瓷之都──「江西景德鎮」，景德鎮古稱「昌南」，一說是中國英文China的由來。

車站前寬敞的大道，在午後幾乎無人也顯得寂寥，沿著站前大道浙江路走約1.7公里可達「民窯遺址博物館」，遺址博物館不大，且已荒廢。再步行北上1.4公里可到御窯廠考古遺址公園，內有御窯博物館、陶瓷修復中心、故宮研究院景德鎮陶瓷考究所等多個單位。遺址公園前的珠山大道17:00下班時人聲鼎沸，學生、上班族摩肩擦踵，可謂是景德鎮市區精華所在。

有文獻認為，景德鎮製瓷業可以追溯到戰國時期，也有說認為景德鎮從漢代開始才有陶瓷製作；而江西地方史書《江西通志》則稱景德鎮的瓷器南北朝時期的陳朝開始聞名天下。通說認為景德鎮的陶瓷業從公元一世紀的東漢開始，至南北朝時的陳朝，景德鎮的瓷器開始名聲在外。從宋代開始，該地區成為了瓷器重要的生產基地，宋真宗還將自己的年號「景德」賜給這個產瓷區，並規定在瓷器產品的底部必須寫上「景德年制」四字作為印記，隨著品質提升與數量擴大，景德鎮便與中國瓷器聯繫在一起。

交通路線：

● 南昌→景德鎮市／203公里（綠皮火車）

* 景德鎮民窯遺址博物館（距離火車站1.2公里／步行可達）已荒廢多年。

* 景德鎮民窯遺址博物館

9.26-27

DAY

37-38

返程

為趕赴中午南昌起飛的班機，終於選擇較快的高鐵奔赴南昌西站。懷著戀戀不捨的心緒，自昌北機場起飛，不多時到廈門高崎國際機場，中轉等候次日回台班機。

隔日08:15起飛回台，再見了，壯麗且令人不捨的神州大陸！

交通路線：

- 景德鎮市→南昌／203公里（高鐵火車）
- 南昌→廈門／638公里（飛機）
  於廈門轉機跨夜12小時
- 廈門→台北／356公里（飛機）

附錄：完整花費紀錄

序日	日期	地點	費用紀錄	小計
1	8月21日	台北赴西安	機票 4,094 元 + 康師傅泡麵 22 元（人民幣 4.5 元）	4,116
2	8月22日	陝西延安	廈門高崎機場 B1 露宿一晚 + 機場至西安公交車 110 元（人民幣 25 元）+ 西安至延安綠皮火車 220 元（人民幣 50.5 元）+ 公交車 9 元（人民幣 4 元）+ 晚餐 100 元（羊雜麵 18 元／小米粥 2 元／餐盒／水 1 元，共人民幣 23 元）	439
3	8月23日	袁家溝	單間套房 300 元（人民幣 70 元）+ 早餐肉夾饃／小米粥 50 元（人民幣 11 元）+ 延安至綏德公交車往返 284 元（人民幣 66 元）+ 綏德至袁家溝導遊機車費 860 元（人民幣 200 元）+ 午餐涼粉 88 元（人民幣 20 元）+ 晚餐牛肉湯麵／羊腦 88 元（人民幣 20 元）	1,670
4	8月24日	陝西西安	貓語長安青年旅社 204 元 + 三餐／油桃／西瓜 75 元（人民幣 17 元）+ 延安至黃帝陵至西安交車 462 元（人民幣 105 元）	741
5	8月25日	西安	貓語長安青年旅社 209 元（美元 6.55 元）+ 三餐醬牛肉／胡辣湯／金絲餅／粉蒸牛肉／水蜜桃 303 元（人民幣 69 元）	512
6	8月26日	西安	貓語長安青年旅社 209 元（美元 6.55 元）+ 兵馬俑／華清池門票 1,056 元（人民幣 240 元）+ 葫蘆頭／水盆羊肉泡饃 264 元（人民幣 60 元）	1,529
7	8月27日	西安	日落回家太空艙青年旅舍 150 元（美元 4.67元）+ 三餐／月餅／葡萄／瓶水 350 元（人民幣 81.5 元）	500
8	8月28日	西安赴北京	西安至北京北站 G 動車費用 2,085 元（人民幣 485 元）+ 利闔家美飯店（北京西站廣場店）1,400 元（美元 44 元）	3,485
9	8月29日	北京	故宮門票 129 元（人民幣 30 元）+ 公交車 26 元（人民幣 6 元）+ 緣趙記勾芡炒牛河／大肉包子／小米粥 146 元（人民幣 34 元）+ 晚餐 155 元（人民幣 36 元）	456
10	8月30日	山海關	天下第一關門票 86 元（人民幣 20 元）+ 三餐豆腐腦／油條／煎餅／泡麵 241 元（人民幣 56 元）+ 雅朵旅店 473 元（人民幣 110 元）	800
11	8月31日	瀋陽	麗楓酒店 675 元（人民幣 157 元）+ 烤肉串 181 元（人民幣 42 元）+ 羊肉餃子 108 元（人民幣 25 元）	964
12	9月1日	瀋陽	早餐油條／豆漿／包子 28 元（人民幣 6.5 元）+ 張學良故居門票 108 元（人民幣 25 元）+ 瀋陽故宮門票 108 元（人民幣 25 元）+ 午餐牛肉火勺／羊雜麵 77 元（人民幣 18 元）+ 住宿 473 元（人民幣 110 元）+ 晚餐白肉血腸／雞架 206 元（人民幣 48 元）+ 瀋陽至丹東火車票 301 元（人民幣 70 元）	1,301

序日	日期	地點	費用紀錄	小計
13	9月2日	遼寧丹東市	住宿 452 元(人民幣 105 元) + 丹東至瀋陽火車票 301 元(人民幣 70 元) + 虎山長城門票 129 元(人民幣 30 元) + 參觀抗美援朝鴨綠江斷橋門票 65 元(人民幣 15 元) + 晚餐 52 元(人民幣 12 元)	999
14	9月3日	黑龍江哈爾濱	住宿 301 元(人民幣 70 元) + 瀋陽至哈爾濱火車票 403 元(美元 13 元) + 晚餐鍋包肉/水餃 129 元(人民幣 30 元)	833
15	9月4日	漠北北極村	哈爾濱至漠河綠皮火車 639 元(人民幣 148.5 元) + 早餐小籠包/小米粥 99 元(人民幣 23 元)	738
16	9月5日	漠北北極村	漠河至北極村公交車 108 元(人民幣 25 元) + 住宿 172 元(人民幣 40 元) + 水果 26 元(人民幣 6 元) + 兩瓶北極藍莓汁 43 元(人民幣 10 元) + 午餐黑龍江魚 688 元(人民幣 160 元) + 晚餐玉米麵 65 元(人民幣 15 元)	1,102
17	9月6日	黑龍江哈爾濱	早餐雲吞麵 65 元(人民幣 15 元) + 北極村至漠河公交車 108 元(人民幣 25 元)	173
18	9月7日	哈爾濱赴經棚	19小時火車行程 + 泡麵 22 元(人民幣 5 元)	22
19	9月8日	經棚	午餐/羊雜湯/牛肉餡餅 65 元(人民幣 15 元) + 烤雞架/月餅/葡萄/農夫山泉水 127 元(人民幣 29.5 元) + 住宿 190 元(人民幣 44 元) + 烤牛肉條 34 元(人民幣 8 元) + 經棚至烏蘭布統公交車 151 元(人民幣 35 元)	567
20	9月9日	內蒙自治區烏蘭布統	全羊頭 292 元(人民幣 68 元) + 肚包肉 86 元(人民幣 20 元) + 羊奶餅/蒙古果子 26 元(人民幣 6 元) + 住宿 421 元(人民幣 98 元) + 酸奶 43 元(人民幣 10 元)	868
21	9月10日	內蒙自治區烏蘭布統	早餐蒙古包子/小米粥 60 元(人民幣 14 元) + 羊乳烙 42 元(人民幣 9.8 元) + 至承德共乘計程車 301 元(人民幣 70 元) + 黃包車至圍場 163 元(人民幣 38 元) + 公交車至承德 13 元(人民幣 3 元)	579
22	9月11日	承德	早餐肉夾饃 30 元(人民幣 7 元) + 避暑山莊門票 280 元(人民幣 65 元) + 剪髮 129 元(人民幣 30 元) + 涼皮 35 元(人民幣 8 元) + 住宿 215 元(人民幣 50 元)	689
23	9月12日	承德	早餐豆腐腦/油條 35 元(人民幣 8 元) + 承德至北京至濟南火車 402 元(人民幣 21.5 + 72 元) + 火車盒飯 86 元(人民幣 20 元) + 老濟南炒麵/炸藕 78 元(人民幣 18 元) + 冰棒/桃酥/西瓜 39 元(人民幣 9.1 元) + 濟南布丁飯店住宿 348 元(人民幣 81 元)	988
24	9月13日	濟南	早餐羊雜湯/燒餅 95 元(人民幣 22 元) + 午餐酸豆絞肉末乾麵 78 元(人民幣 18 元) + 晚餐/老濟南炒麵/炸藕 78 元(人民幣 18 元) + 西瓜/冰棒 31 元(人民幣 7.1 元) + 濟南布丁飯店住宿 409 元(人民幣 95 元)	691
25	9月14日	濟南	早餐鴨子膜 30 元(人民幣 7 元) + 泰山餅/老濟南炒麵/炸藕 78 元(人民幣 18 元) + 公交車/火車/至泰山中天門公交車 206 元(人民幣 2 + 12 + 34 元) + 泰山至泰安 G 動車費用 133 元(人民幣 31 元) + 濟南布丁飯店住宿 409 元(人民幣 95 元)	856

序日	日期	地點	費用紀錄	小計
26	9月15日	濟南	至三孔(孔廟＋孔府＋孔林) 公車 9 元(人民幣 2 元)＋煎餅 22 元(人民幣 5 元)＋可口可樂 22 元(人民幣 5 元)＋曲阜至袞州至南京綠皮火車票／夜車 310 元(人民幣 9＋63 元)＋泡麵 26 元(人民幣 6 元)	369
27	9月16日	南京	南京火車站至中山陵公車 9 元(人民幣 2 元)＋雲吞麵 172 元(人民幣 25＋15 元)＋音樂台 22 元(人民幣 5 元)＋明孝陵門票 129 元(人民幣 30 元)＋公車票 17 元(人民幣 4 元)＋星巴克咖啡／可頌 426 元(人民幣 74＋25 元)＋晚餐 400 元(人民幣 93 元)＋住宿 237 元(人民幣 55 元)	1,412
28	9月17日	南京	早餐 75(人民幣 18 元)＋午餐 126(人民幣 29.5 元)＋晚餐 163 (人民幣 38 元)＋平江路青年旅社住宿 219(人民幣 51 元)	583
29	9月18日	蘇州	蘇州平鎮大麵／蛋 129 元(人民幣 30 元)＋鱔魚麵 108 元(人民幣 25 元)＋拙政園入園票 172 元(人民幣 40 元)＋晚餐蒙古香攘餅／肉餅 48 元(人民幣 5＋6 元)＋星巴克咖啡 160 元(人民幣 37 元)＋平江路青年旅社住宿 219 元(人民幣 51 元)	836
30	9月19日	蘇州	早餐／豆漿／炸物 56 元(人民幣 13 元)＋豬肝麵／麵筋 108 元(人民幣 25 元)＋平江路青年旅社住宿 219 元(人民幣 51 元)＋往來寒山寺地鐵票 17 元(人民幣 4 元)＋晚餐 89 元(人民幣 20.6 元)	489
31	9月20日	蘇州	寒山寺地鐵票來回 17 元(人民幣 4 元)＋早餐包子 22 元(人民幣 5 元)＋午餐 45 元(人民幣 10.5 元)＋晚餐羊肚湯鍋飯 250 元(人民幣 58 元)＋住宿北疆飯店 464 元(人民幣 108 元)＋請哈工大博士生夫婦喝咖啡 387 元(人民幣 90 元)	1,185
32	9月21日	蘇州	早午餐包子豆漿 86 元(人民幣 20 元)＋蘇州至南昌綠皮火車／夜車 525 元(人民幣 125 元)	611
33	9月22日	南昌	早餐江西炒粉 15 元(人民幣 3.5 元)＋午餐 232 元(人民幣 54 元)＋住宿南昌不二青年旅店 211 元(人民幣 49 元)＋紙包魚 215 元(人民幣 50 元)	673
34	9月23日	南昌	住宿南昌不二青年旅店 211 元(人民幣 49 元)＋早餐拌麵 69 元(人民幣 16 元)＋橘子 20 元(人民幣 4.6 元)＋午餐水煮 181 元(人民幣 42 元)＋烤生蠔 43 元(六顆人民幣 10 元)＋豬腳飯 86 元(人民幣 20 元)＋飲料 35 元(人民幣 8 元)＋蛋塔 50 元(人民幣 11.5 元)	695
35	9月24日	南昌	前湖餐敍地鐵 17 元(人民幣 4 元)＋午餐 243 元(人民幣 56.5 元)＋冰淇淋 43 元(人民幣 10 元)＋綠茶／橘子 47 元(人民幣 11 元)	350
36	9月25日	景德鎮	南昌至景德鎮火車票 200 元(人民幣 46.5 元)＋早餐油波麵 43 元(人民幣 10 元)＋晚餐肯德基 86 元(人民幣 20 元)＋農夫山泉 9 元(人民幣 2 元)＋住宿 211 元(人民幣 49 元)	549
37	9月26日	南昌赴廈門	返南昌火車票 409 元(人民幣 95 元)＋廈門住宿 237 元(人民幣 55 元)	646
38	9月27日	廈門赴台北	機票 4,412 元(人民幣 1,026 元)	4,412
			總計	38,428

國家圖書館出版品預行編目

壯遊中國：背包客3.8萬台幣,暢行大陸38日全攻略
／張正忠著. -- 臺北市：致出版, 2024.06
　面；　公分
　ISBN 978-986-5573-85-0(平裝)

1.CST: 遊記　2.CST: 中國

690　　　　　　　　　　　　　　　113006632

壯遊中國

──背包客3.8萬台幣，暢行大陸38日全攻略

作　　者／張正忠
出版策劃／致出版
製作銷售／秀威資訊科技股份有限公司
　　　　　114 台北市內湖區瑞光路76巷69號2樓
　　　　　電話：+886-2-2796-3638
　　　　　傳真：+886-2-2796-1377
網路訂購／秀威書店：https://store.showwe.tw
　　　　　博客來網路書店：https://www.books.com.tw
　　　　　三民網路書店：https://www.m.sanmin.com.tw
　　　　　讀冊生活：https://www.taaze.tw

出版日期／2024年6月　　　定價／380元

致 出 版　　　　　　　　　向出版者致敬